新编21世纪高等职业教育精品教材 **金 融 类**

浙江金融职业学院中国特色高水平高职学校建设成果

银行职业技能操作

主编 牟君清 方秀丽 章叶英

中国人民大学出版社
·北京·

图书在版编目（CIP）数据

银行职业技能操作 / 牟君清，方秀丽，章叶英主编.
-- 北京 : 中国人民大学出版社，2021.8
新编 21 世纪高等职业教育精品教材. 金融类
ISBN 978-7-300-29601-2

Ⅰ. ①银… Ⅱ. 牟… ②方… ③章… Ⅲ. ①银行业务－高等职业教育－教材 Ⅳ. ① F830.4

中国版本图书馆 CIP 数据核字（2021）第 132245 号

浙江金融职业学院中国特色高水平高职学校建设成果
新编 21 世纪高等职业教育精品教材 · 金融类
银行职业技能操作
主　编　牟君清　方秀丽　章叶英
Yinhang Zhiye Jineng Caozuo

出版发行	中国人民大学出版社		
社　　址	北京中关村大街 31 号	**邮政编码**	100080
电　　话	010－62511242（总编室）		010－62511770（质管部）
	010－82501766（邮购部）		010－62514148（门市部）
	010－62515195（发行公司）		010－62515275（盗版举报）
网　　址	http://www.crup.com.cn		
经　　销	新华书店		
印　　刷	天津鑫丰华印务有限公司		
规　　格	185 mm × 260 mm　16 开本	**版　　次**	2021 年 8 月第 1 版
印　　张	9.25	**印　　次**	2021 年 8 月第 1 次印刷
字　　数	160 000	**定　　价**	29.00 元

习近平总书记指出："教材建设是育人育才的重要依托。建设什么样的教材体系，核心教材传授什么内容、倡导什么价值，体现国家意志，是国家事权。"教材建设是教育教学改革的重要组成部分，是深化"三教"改革的重要内容，是教育思想、教育理念和人才培养目标、内容的实体展现。《国家职业教育改革实施方案》要求"遴选认定一大批职业教育在线精品课程，建设一大批校企'双元'合作开发的国家规划教材，倡导使用新型活页式、工作手册式教材并配套开发信息化资源"。"银领丛书"教材，就是在职业教育教学改革深入推进，教师、教材、教法改革持续深化，中国特色高水平高职学校和专业建设计划稳步开展的背景下组织编写的，是浙江金融职业学院银领学院十多年教育教学经验的总结和改革成果的凝练。

银领学院是浙江金融职业学院面向金融行业开展高素质高技能应用型人才培养而设置的二级学院，与 80 余家银行、证券期货公司等金融机构合作开展订单式人才培养，共同制订人才培养方案、共享行业师资、共同开发职教课程、共用实习实训基地，十多年来已经培养了超过一万名动手能力强、职业形象佳、技能水平高、职业素质优的金融行业人才，2014 年被教育部等六部委授予"全国职业教育先进单位"称号。"银领丛书"是银领学院根据职业教育人才培养目标和金融行业对应用型人才的实际要求，专门为培养"下得去、用得上、干得好、留得住、发展好"的一线应用型金融人才而编写的实用性系列教材，从职业礼仪、职业技能、专业能力、职业素质等四个方面构建金融行业职业化人才培养的教材体系，坚持实用、易用、管用、好用的原则，采用情境案例、操作实例、真实事例等丰富素材，运用图表、照片、视频等多种形式进行直观生动展现，力求通俗易懂、深入浅出，帮助学生训练技能、培养能力、提升素养。

"银领丛书"教材开发，重点突出了以下特色：

一、思政元素

《高等学校课程思政建设指导纲要》提出，“落实立德树人根本任务，必须将价值塑造、知识传授和能力培养三者融为一体、不可割裂。全面推进课程思政建设，就是要寓价值观引导于知识传授和能力培养之中，帮助学生塑造正确的世界观、人生观、价值观，这是人才培养的应有之义，更是必备内容。”在编写“银领丛书”过程中，结合金融类专业育人目标，深度挖掘提炼知识学习、技能训练、能力培养和素质养成中所蕴含的思想价值和精神内涵，结合高职院校学生学习特点，通过规则引导、案例分析、实践感悟、警句警示等方式，将思想政治教育元素有机融入教材的各个章节，为课堂教学提供思想政治教育素材和思路，实现人才核心价值观、职业道德、法律意识与专业素质的综合培养。

二、职教特色

教材是教师教书育人的载体，是教师的“教本”、学生的“学本”，是教学改革成果的集中体现。教材不是仅为满足课堂教学使用而编写的，也是人才培养、专业建设、课程建设、“三教”改革等系统性工程中的一个环节。“银领丛书”依托于浙江金融职业学院中国特色高水平高职学校建设计划中的金融管理专业群建设，吸收了金融专业国家级教学资源库建设的丰富经验，汇聚了多门国家级、省级精品课程和精品在线开放课程的建设成果，在银领学院面向金融行业与订单单位共同开展应用型金融人才培养的基础之上，经过十多年的实践检验并进行系统化编写而形成，从学习目标设置、教学内容选择、章节结构编排、实习实践活动设计等各个方面，都贴近高职学生的特点和行业的需求，遵循技术技能人才成长规律，将专业精神、职业精神和工匠精神融入教材内容，实现知识传授与技术技能培养并重，强化学生职业素养养成和专业技术积累，形成了鲜明的职教特色。

三、应用导向

“银领丛书”围绕金融行业对应用型人才的现实需求，针对一线从业人员的岗位特点和存在的问题，重点解决“00后”学生走上职场后由于能力、技能和素养等方面不足而导致的岗位适应慢、工作压力大、辞职比例高等痛点难点问题，在内容选择上侧重工作方法的介绍、关键技能点的训练和核心素养的提升。丛书强调实践性，采用“理论＋实务＋案例＋实训操作”的编排模式，适应项目学习、案例学习、模块化学习等不同学习方式的要求，注重以真实项目、典型任务、具体案例等为载体组织教学单元，引导开展运用启发式、探究式、讨论式、参与式等教学方法，努力做到理论知识与实用技能融会贯通，职业能力与素质素养同步提升 。

四、数字资源

“银领丛书”教材开发基于银领学院面向金融行业订单班开设的相应课程建设，将课程建设、教材编写、配套资源开发、信息技术应用有机融合统筹推进，并在日常的教学实践中开展翻转课堂、混合式教学等新型教学模式的应用。经过近十年金融专业国家级教学资源库以及国家级、省级精品课程建设，相应课程积累了丰富、全面的原创性数字资源，我们将其有针对性地应用到教材开发之中，努力做到教材资源立体、形式多样、内容饱满。

教材开发是持续迭代、不断完善的过程，由于编者能力有限，教学改革还在持续推进过程之中，教材开发的各种创新思考均在尝试、摸索阶段，本丛书还存在许多不足之处，恳请大家批评指正。

王祝华

2021 年 2 月

前言 PREFACE

本书以经济、金融类学生“毕业与上岗零过渡”的人才培养目标为导向，根据商业银行一线工作人员的业务操作内容，介绍了点钞技术、中文输入、传票输入这三项基本技能。本书是编写组教师在调研商业银行等金融机构柜面操作技能发展变化基础上编写的，并根据二十多年在高职教育实践中的经验，研发了技能学习、训练与考核的配套软件，既体现金融专业特色，又强化技能操作，重点培养学生又快又准的业务处理能力。本书主要有以下特点：

1. 思政性。全面推进课程思政建设，把高职学生的敬业精神、工匠精神及责任意识的培养与知识传授有机结合起来，在知识传授和能力培养过程中深度提炼思政元素，实现知识传授与技能培养并重，塑造学生优秀的职业品格，达到专业教育与思政教育的双赢。

2. 职业性。本书充分体现职业教育的特点，按照理论知识必需和够用的原则组织内容，重点介绍了商业银行柜面业务处理过程中普遍需要的各项职业技能。在内容选用上，除了介绍基本知识外，更注重操作要领和操作步骤，并配有相应的图片进行直观对比，突出培养学生的操作能力。课程内容与行业要求、岗位标准高度融合，教学内容与职业、行业和时代的要求相接轨。

3. 自助性。编写组教师建设了“职教云”自主学习平台，该平台设有与本书配套的教学课件和教学视频，教师可通过平台与学生开展教学互动、作业布置与批改、课堂考勤与数据统计分析等。基于网络和在线技术的自主学习模式，可以积极调动学生学习的能动性、主动性和创造性，进一步培养学生自主学习的能力。“职教云”平台网址为：https://zjy2.icve.com.cn。

4. 配套性。与教材配套使用的银行职业技能学习与训练系统、银行职业技能考核系统是针对银行职业技能学习、训练与考核的特点专门研发的，系统基于互联网环境，集教学、训练与考核功能为一体，具有自主学习、在线训练以及考核等功能。训练模块借鉴电子游戏中任务分配、难度闯关、金币奖励、在线竞技、成绩排行等形式，提高学生训练的积极性、主动性和挑战性，教师可以对学生的训练过程进行统计、分析和督查。该系统对个人用户自主学习与训练模块免费开放下载与试用，下载地址为：http://skill.panchina-soft.com，免费账户试用和购买请与网页上的软件公司联系。

本教材由浙江金融职业学院牟君清、方秀丽和章叶英三位老师担任主编，编写分工如下：模块一由方秀丽编写，模块二由牟君清编写，模块三由章叶英编写。

本教材在编写过程中得到了浙江金融职业学院领导们的大力支持和帮助，中国人民大学出版社的编辑提供了宝贵的意见和建议，在此深表感谢！

书中若有疏漏和不足之处，欢迎广大读者批评指正。

编者

2021 年 2 月

模块一 点钞技术

模块二 中文输入

模块三 传票输入

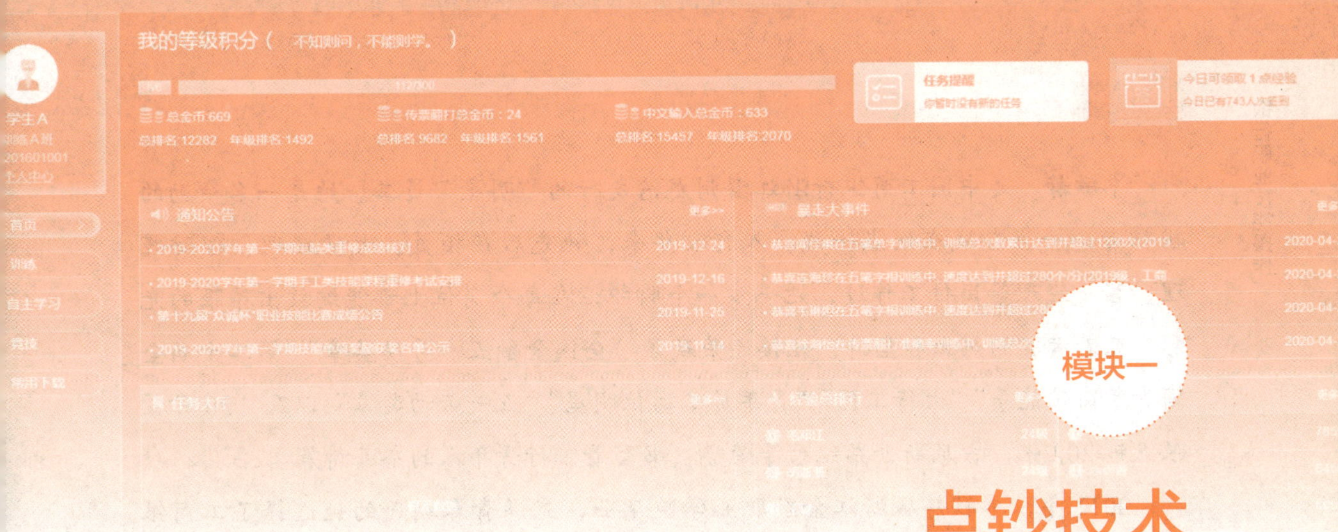

模块一

点钞技术

知识目标

1. 领会和掌握点钞的基本要领，熟悉点钞的基本环节。

2. 熟悉手持式单指单张拇指捻点法、食指拨点法（或中指拨点法）、手按式单指单张食指捻点法等常用手工单指单张点钞法和手持式四指四张捻点法、手按式单指推动点钞法、翻点法等常用手工多指多张点钞法的优缺点和适用场合。

3. 了解硬币整点器的功能。

4. 了解钞券捆扎的有关规定。

能力目标

1. 能用手持式单指单张拇指捻点法、食指拨点法（或中指拨点法）、手按式单指单张食指捻点法等常用手工单指单张点钞法和手持式四指四张捻点法、手按式单指推动点钞法、翻点法等常用手工多指多张点钞法进行手工点钞。

2. 能用点钞机点钞。

3. 能用手工方法和用硬币整点器整点硬币，会手工包装硬币。

4. 能用手工方法和用机器捆扎钞券。

5. 会保养出纳专用机具。

思政案例

卓敏静，是中国工商银行浙江温州龙湾支行的“明星”员工。她是一名辛勤的耕耘者，一直奋战在网点一线。入行9年来，她先后在柜员、大堂经理、理财经理、客户经理等岗位工作过，她一步一个脚印，在每个岗位上都能绽放出耀眼的光彩。凭着满腔的热血和坚持，她接连荣获了“全国金融五一劳动奖章”“第二十届全国青年岗位能手”“大行工匠”“青年员工岗位明星”“五一劳动奖章”以及“30秒蒙眼点钞202张”吉尼斯世界纪录等荣誉，书写着工行青年人的奋斗诗篇。

2011年，卓敏静从浙江金融职业学院毕业，充满青春朝气的她选择了工商银行。入行后便被分配到离家近三个小时车程的龙湾支行，开始工作不久，思家的惆怅、与客户沟通的不顺畅、业务的生疏等问题接踵而至，让21岁的她有些猝不及防。不过这点困难还难不倒她，“生活哪有什么一帆风顺，既然改变不了环境，那就改变自己，去适应环境。”这是那时候她时常默念的一句话，也正是这样的心态，让她在基层的岗位上坚持、锤炼、奋力奔跑，让她能在业务上比别人花更多的心思，在营销上能发挥自己开朗的性格特点，日复一日、年复一年地努力拼搏着！

那时候龙湾支行会经常组织岗位练兵活动，工作的第二年，温州分行便开展了两年一次的全员业务技能比武。由于卓敏静在大学期间就已经积累了一定的手工点钞功底以及平日的出色表现，她代表支行参加分行比赛获得了第六名，“初展身手”的她切身感受到了与对手之间的差距。当时获得点钞第一名的是来自温州分行的另一位点钞选手林小群，她在全省、市工商银行系统、市两级和市金融系统点钞比赛中获得过22个冠军。卓敏静对她既崇拜又羡慕，她暗自把林小群定位为赶超的对象，鞭策自己不断努力。正是从那时候开始，她才真正地走进了点钞的世界。

为了强化技能，她开始废寝忘食地练习。起初，她拿练功券回家，每次看电视、听歌、听广播的时候，便有意识地拿出来练一练。一段时间后，她发现这样三心二意的练习，效果并不理想，她开始下班后在家专心练习点钞，早上起来第一件事也是练习点钞。慢慢地，点钞这件事便一点一滴融入了她的生活。

量变到质变的升华，需要大量的积累和付出。在2013年到2017年期间，卓敏静多次参加省、市行组织的业务技能比赛，期间成绩起起伏伏，得过第一名，也曾跌至过第五名，最让她无法释怀的是个人技能提升似乎遇到了瓶颈，个人成绩也影响到了温州分行团队的成绩。在迷茫挫败之际，她的教练员张老师给她提了一个建议，让她试着放弃多年使用的“四指四张”点钞法，学习扇面点钞法。抱着试一试的心态，她开始在网络上搜寻各种视频，不断摸索、反复练习，最终习得要领。张老师的这个建议，让她在改变中找到了新的出路，最终在2018年浙江省分行第16届业务技术比赛中摘得桂冠，最重要的是让她重拾了信心。

2019年2月份，卓敏静代表中国工商银行参加中央电视台一套的《挑战不可能之加油中国》节目比赛，以30秒蒙眼手动点钞202张的成绩，打破了178张的吉尼斯世界纪录。赛后有人问她：“你为什么要坚持练习点钞，不觉得枯燥吗?”当时她是这样回答的：“枯燥啊，但是我想做得更好，就必须忍受别人不想忍受的枯燥。”通过练习点钞，不仅让她在赛场上更加从容自信，更重要的是磨炼了她的意志，她说：“通过不断把时间和精力投入能让自己感觉到成长的事情当中，这样会让工作和生活也变得充实起来，从而走进一个正能量的循环。”

卓敏静荣誉榜

2017年，荣获浙江省温州市银行业“技能比武”手工点钞一等奖；

2018年，荣获中国工商银行浙江省分行“业务技能比赛”手工点钞一等奖；

2019年，荣获中国工商银行“青年岗位明星”称号、中国工商银行“五一劳动奖章”称号、全国金融“五一劳动奖章”称号，打破“30秒蒙眼点钞”吉尼斯世界纪录；

2020年，荣获中国工商银行“大行工匠”荣誉称号、“全国青年岗位能手”荣誉称号、全国金融“五一巾帼标兵”称号。

思政目标

通过“点钞技术”课程的教学与实训，教师不仅要教会学生各种点钞方法，更要将点钞技能的强化训练和学生学习动机激发、意志力提升和刻苦精神培养结合起来，努力实现技能水平和心理品质的同步提升；让学生逐步具备恪尽职守、责重如山的职业精神，专心致志、博大精深的专业精神和精益求精、追求卓越的工匠精神。

基础知识

一、点钞的基本要领

出纳人员在办理现金的收付与整点时，要做到准、快、好。“准”，就是钞券清点不错不乱，准确无误。“快”，是指在准的前提下，加快点钞速度，提高工作效率。“好”，就是清点的钞券要符合“五好钱捆”（点准、挑净、墩齐、扎紧、盖章清楚）的要求。“准”，是做好现金收付和整点工作的基础和前提，“快”和“好”，是商业银行加速货币流通、提高服务质量的必要条件。

学习点钞，首先要掌握基本要领，这些基本要领适用所有点钞方法。点钞的基本要领可概括为以下七点。

（一）肌肉要放松

肌肉要放松

点钞时，两手各部位的肌肉要放松。肌肉放松，能够使双手活动自如，动作协调，并减轻劳动强度。否则，会使手指僵硬，动作不准确，既影响点钞速度，又消耗体力。正确的姿势是：肌肉放松，双肘自然放在桌面上，持票的左手手腕接触桌面，右手手腕稍抬起。

（二）钞券要墩齐

钞券要墩齐

待清点的钞券必须清理整齐、平直。这是点准钞券的前提，钞券不齐不易点准。对折角、弯折、揉搓过的钞券要将其弄直、抚平，明显破裂、质软的钞券要先挑出来。清理好后，将钞券在桌面上墩齐，要求钞券四条边水平。

（三）开扇要均匀

开扇要均匀

钞券清点前，都要将票面打开成微扇形或小扇形，使钞券有一个坡度，便于捻动。开扇均匀是指每张钞券的间隔距离相同，在捻钞过程中不易带张。因此，扇面是否均匀，直接影响点钞的准确率。

（四）手指触面要小

手指触面要小

手工点钞时，捻钞的手指与钞券的接触面要小，一般用指尖捻钞。如果手指接触面大，手指往返动作的幅度随之增大，从而使手指频率减慢，影响点钞速度。

（五）捻钞幅度要小

捻钞的手指离票面不宜过远，即捻钞的幅度要小，从而加快往返速度。

（六）动作要连贯

点钞时各个动作之间相互连贯是加快点钞速度的必要条件之一。动作要连贯包括两方面的要求：一是指点钞过程的各个环节必须协调，环环扣紧。点完 100 张钞券墩齐后，左手持钞券，右手取腰条纸，同时左手的钞券跟上去，迅速扎好腰条纸；在右手放钞券的同时，左手取另一把钞券准备清点，而右手顺手沾水清点，等等。这样，使扎把和持钞及清点各环节紧密衔接起来。二是指清点时的各个动作要连贯，即第一组动作和第二组动作之间，要尽量缩短和不留空隙时间，当第一组的最后一个动作即将结束时，马上跟上第二组动作，确保上下组动作的连续性，比如用手持式四指依次捻点法清点时，当第一组的食指捻下第四张钞券时，第二组动作的小指要迅速跟上，不留空隙。这就要求在清点时双手动作协调，清点动作均匀，切忌忽快忽慢、忽多忽少。另外，在清点时要尽量减少不必要的小动作、假动作，以免影响动作的连贯性和点钞速度。

（七）点和数要协调

点和数是点钞过程的两个重要方面，这两个方面要相互配合，协调一致。清点速度快，计数跟不上；或清点速度慢，计数过快，都会造成点钞不准确，甚至造成差错，给商业银行带来财产损失。所以，点和数二者必须一致，这是点准的前提条件之一。为了使两者紧密结合，计数通常采用分组计数法或双数计数法。单指单张以 10 张为一组或双数计数法进行计数，多指多张以每一次清点的张数为一组进行计数，使点和数的速度能基本吻合。计数一般要用脑记，尽量避免用口数。

二、点钞的基本环节

点钞是从起把开始到扎把、盖章为止一个连续、完整的过程。它一般包括起把、清点、计数、剔旧、墩齐、扎把、盖章等环节。要加快点钞速度，提高点钞水平，必须把各个环节的工作做好。

（一）起把

成把清点时，首先需将腰条纸拆下。拆把时可将腰条纸脱去，保持其原状，也可将腰条纸用手指勾断。通常初点时采用脱去腰条纸的方法，以便复点时发现差错进行查找；复点时一般将腰条纸勾断。

手持式点钞法一般用左手持钞，手按式点钞法一般用左手压钞；持钞或压钞的姿势是否正确，也会影响点钞速度。要注意每一种点钞方法的持钞或压钞技巧。

（二）清点

扫码请看

清点

清点是点钞的关键环节。清点的准确性和速度直接关系到点钞的准确性与速度。因此，要勤学苦练清点基本功，做到清点既快又准。

在清点过程中，还需将损伤券按规定标准剔出，以保持流通中票面的整洁。如该把钞券中夹杂着其他版面的钞券，应将其挑出。为不影响点钞速度，点钞时不要急于抽出损伤券或不同版别券，只要先将其折向外边，待点完 100 张后再抽出损伤券或不同版别券，补上完整券或同版别券。

在点钞过程中如发现差错，应将差错情况记录在原腰条纸上，并把原腰条纸放在钞券上面一起扎把，不得将其扔掉，以便事后查明原因，另做处理。

（三）计数

扫码请看

计数

计数也是点钞的基本环节，与清点相辅相成。在清点准确的基础上，必须做到计数准确。计数应与点钞方法相适应，单指单张点钞法可采用分组计数法或双数计数法，多指多张点钞法可采用分组计数法。

（四）剔旧

扫码请看

剔旧

在清点过程中，如发现残破券应按剔旧标准将其挑出。

（五）墩齐

扫码请看

墩齐

钞券清点完毕扎把前，要先将钞券墩齐，以便扎把保持钞券外观整齐美观。钞券墩齐要求四条边水平，不露头或不呈梯形错开，卷角应拉平。墩齐时，双手松拢，将钞券横立在桌面上墩齐。

（六）扎把

扫码请看

扎把

每把钞券清点完毕后要扎好腰条纸。腰条纸要求光滑面在外，并扎在钞券的 1/2 处，左右偏差不得超过 2 厘米。同时要求扎紧，以提起第一张钞券不被抽出为准。扎把方法有很多，主要扎把方法的操作要领将在“手持式单指单张拇指捻点法”的扎把步骤中详细介绍。

（七）盖章

盖章是点钞过程的最后一环，在腰条纸上加盖点钞员名章，表示对此把钞券的质量、数量负责，所以每个银行柜面经办人员点钞后均要盖章，而且图章要盖得清晰，以看得清编号、姓名为准。

三、点钞的基本分类

根据是否使用机具，点钞可分为手工点钞和机器点钞。手工点钞可分为手持式点钞法和手按式点钞法两大类别，每一类别又有单指单张点钞和多指多张点钞等多种方法，其中：手持式单指单张点钞法包括拇指捻点法、食指拨点法和中指拨点法等；手持式多指多张点钞法包括四指依次捻点法、四指齐下捻点法、一指多张点钞法、五指拨动点钞法和扇面点钞法等；手按式单指单张点钞法包括食指捻点法和拇指捻点法等；手按式多指多张点钞法包括单指推动点钞法、翻点法、多指捻点法、多指拨点法、多指推点法等。机器点钞包括点钞机点钞和硬币清分机点钞。手工单指单张清点时，捻钞的手指可接触每张钞券，票面可视面积大，容易发现假券和挑剔损伤券；手工多指多张清点时，每次捻好几张，速度较快，但票面可审视面积较小，不易发现损伤票币和假币。因此，我们要根据不同的需要选择不同的点钞方法，如在实际工作中，初点时为便于识别假币用单指单张点钞，只用于清点张数时用多指多张点钞等。此外，对不同的学员，还要根据准和快两条原则来选择适合自己的方法，对于自己来说既准又快的点钞方法就是适合自己的方法。

点钞基础知识总结如图 1－1 所示。

点钞基础知识
基本要领
基本环节
基本分类
肌肉要放松
钞券要墩齐
开扇要均匀
手指触面要小
捻钞幅度要小
动作要连贯
点和数要协调
起把
清点
计数
剔旧
墩齐
扎把
盖章
手工点钞
机器点钞
手持式点钞法
手按式点钞法
点钞机点钞
硬币清分机点钞
单指单张点钞法
多指多张点钞法
单指单张点钞法
多指多张点钞法
拇指捻点法
食指拨点法
中指拨点法
四指依次捻点法
四指齐下捻点法
一指多张点钞法
五指拨动点钞法
扇面点法钞
食指捻点法
拇指捻点法
单指推动点钞法
翻点法
多指捻点法
多指拨点法
多指推点法

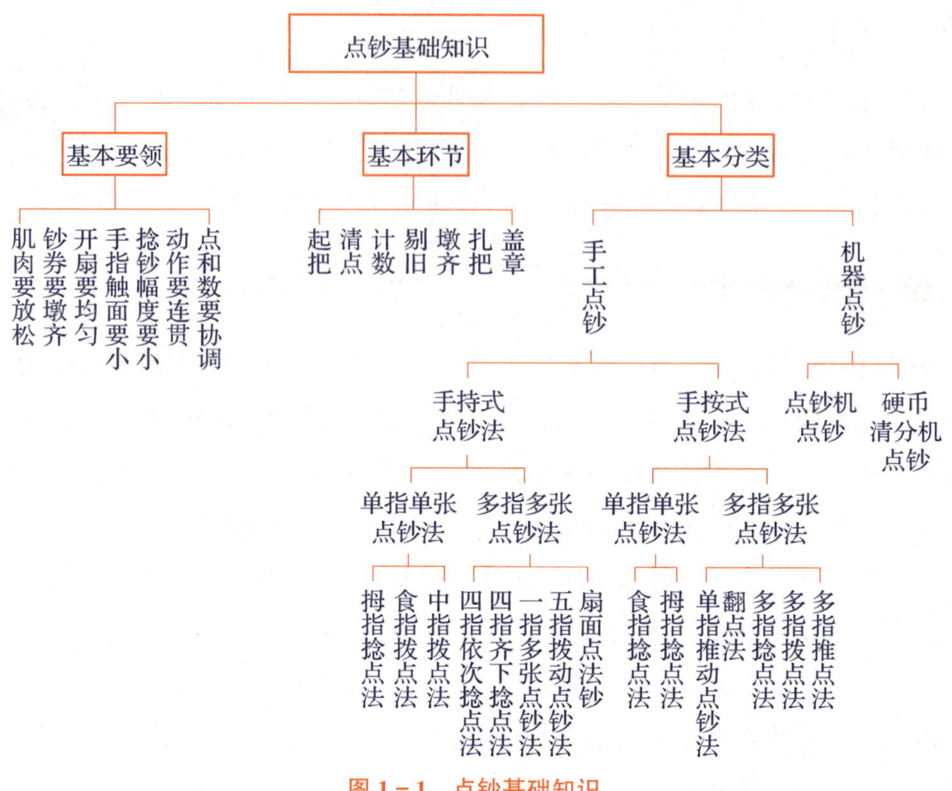

图 1－1　点钞基础知识

项目一

手持式点钞技术

手持式点钞法根据每组清点钞券的张数分为单指单张点钞和多指多张点钞。单指单张点钞根据清点方法分为拇指捻点法、食指拨点法和中指拨点法等；多指多张点钞根据清点方法分为四指依次捻点法、四指齐下捻点法、一指多张点钞法和扇面点钞法等。

活动一　手持式单指单张拇指捻点法

活动目标

熟练掌握手持式单指单张拇指捻点法各操作步骤的要领，学会手持式单指单张拇指捻点法。

操作步骤

下面我们以点钞基本环节为顺序，以整点成把钞券为例来分析手持式单指单张拇指捻点法的操作要领。

一、起把

扫码请看

手持单指单张拇指捻点法起把

钞券墩齐横执，钞券背面朝着身体。用左手中指和无名指指根夹住钞券的左端中间，小指、无名指、中指弯曲，虎口张开，用食指指尖把腰条纸勾断，然后抵住钞券上端，拇指在钞券下端底部靠左端 1/3 处用力将钞券向上翻起呈直角型，同时打开扇面。注意：打扇面时，拇指从左往右滑动，慢慢伸直，扇面往右下方倾斜。

钞券持好后，左手拇指应向上倾斜挡住扇面，指尖放于扇面边缘，钞券保持直立呈直角型。注意不能用力捏钞。

此外，也可在起把时将腰条纸挪移到钞券的左侧，待清点完后扎把的同时将原腰条纸脱去。手持式单指单张拇指捻点法起把的图示见图 1－2。

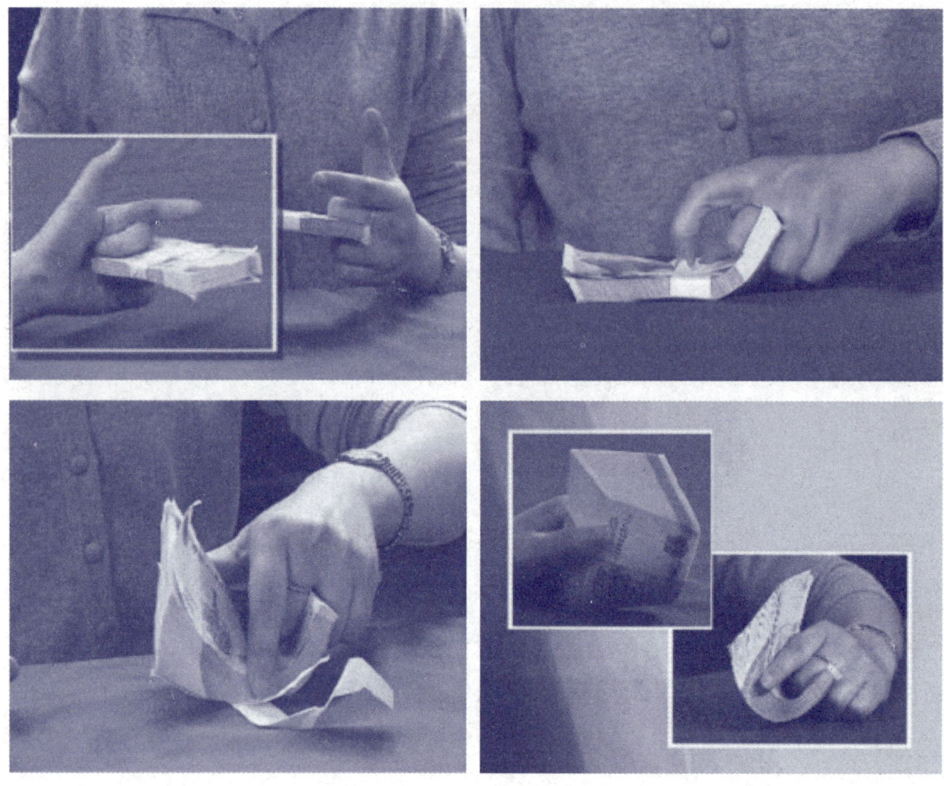

图 1－2　手持式单指单张拇指捻点法起把

二、清点

起把后，左手持好的钞券应尽可能保持直立，正面对胸前；右手捻钞，捻钞从右上角开始。右手食指指尖托住钞券背侧面的少量部分，随着钞券的捻出向前移动，以及时托住扇面另一部分钞券；拇指指尖从右上角向下捻动钞券，动作幅度不宜太大，以免影响速度；无名指将拇指捻出的钞券往怀里方向弹，每捻下一张弹一次，要注意轻点快弹（无名指弹钞有两个作用：一是保证准确率，二是加快落钞速度）；中指和小指不要触及钞券，中指可搭在食指上，小指可搭在无名指上或翘起，以免影响点钞的速度和准确率。同时，左手拇指也要配合动作，当右手将钞券下捻时，左手拇指要随即向后移动，并用指尖向外推动钞券，以利捻钞时下钞均匀。在这一环节中，要注意右手拇指捻钞时，主要负责将钞券捻开，下钞主要靠无名指弹拨。手持式单指单张拇指捻点法清点的图示见图 1－3。

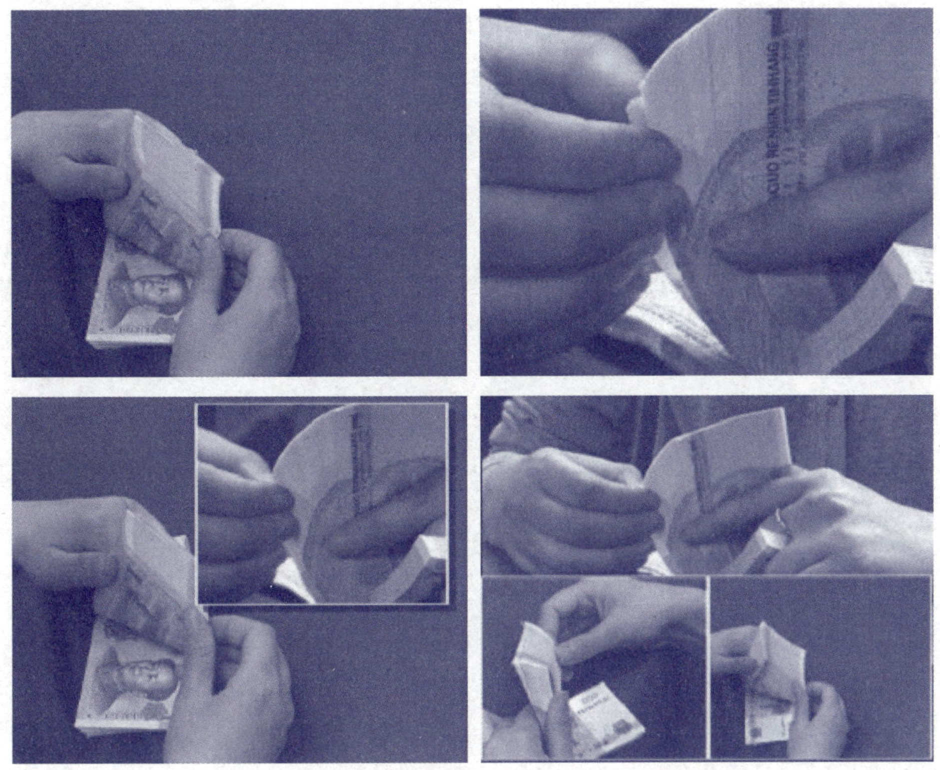

图 1-3 手持式单指单张拇指捻点法清点

三、计数

在清点钞券的同时要计数。由于单指单张每次只捻一张钞券，计数也必须一张一张记，直到记至 100 张。从“1”到“100”的数中，绝大多数是两位数，计数速度往往跟不上捻钞速度，所以必须巧记。通常可采用分组计数法或双数计数法。

（一）分组计数法

分组计数法有多种方法，如：

（1）1、2、3、4、5、6、7、8、9、1；

1、2、3、4、5、6、7、8、9、2；

… … …

1、2、3、4、5、6、7、8、9、10。

这种方法是将 100 个数编成 10 组，每组都由 10 个一位数组成，前面 9 个数都表示张数，最后一个数既表示这一组的第 10 张，又表示这个组的组序号码，即第几组。这样，在点钞时计数的频率和捻钞的速度能基本吻合。

（2）1、1、2、3、4、5、6、7、8、9；

2、1、2、3、4、5、6、7、8、9；

… … …

10、1、2、3、4、5、6、7、8、9。

这种计数方法原则与上一种方法基本相同，不同的是把组的号码放在每组数的前面。这两种计数方法既简捷迅速又省力好记，有利于准确计数。

（二）双数计数法

这种方法是将100个数缩成由两个数字组成的50个数，每捻下一张用一个数字替代，注意前9个数本来只有一个数字组成的个位数要记成0+×。

0、1、0、2、0、3、0、4、0、5、0、6、0、7、0、8、0、9、1、0；

1、1、1、2、1、3、1、4、1、5、1、6、1、7、1、8、1、9、2、0；

… … …

4、1、4、2、4、3、4、4、4、5、4、6、4、7、4、8、4、9、5、0。

这种方法有利于记忆，不容易出错。

计数时要注意不要用嘴念出声来，要用心记。做到心、眼、手三者密切配合。

四、剔旧

在清点过程中，如发现残破券应按剔旧标准将其挑出。为了不影响点钞速度，点钞时不要急于抽出残破券，只要用右手拇指和食指夹住残破券将其折向外边，待点完100张后再抽出残破券补上完整券。剔旧见图1－4。

扫码请看

手持式单指单张拇指捻点法剔旧

图1－4 剔旧

五、墩齐

点完 100 张后，左手拇指与食指捏住钞券，其余三指伸向钞券的背面使钞券横执在桌面上，左右手松拢墩齐，使钞券的边端都整齐，然后左手持钞做好扎把准备。

六、扎把

扎把主要有以下几种方法。

（一）顺时针方向缠绕折掖法

顺时针方向缠绕折掖法见图 1 - 5。

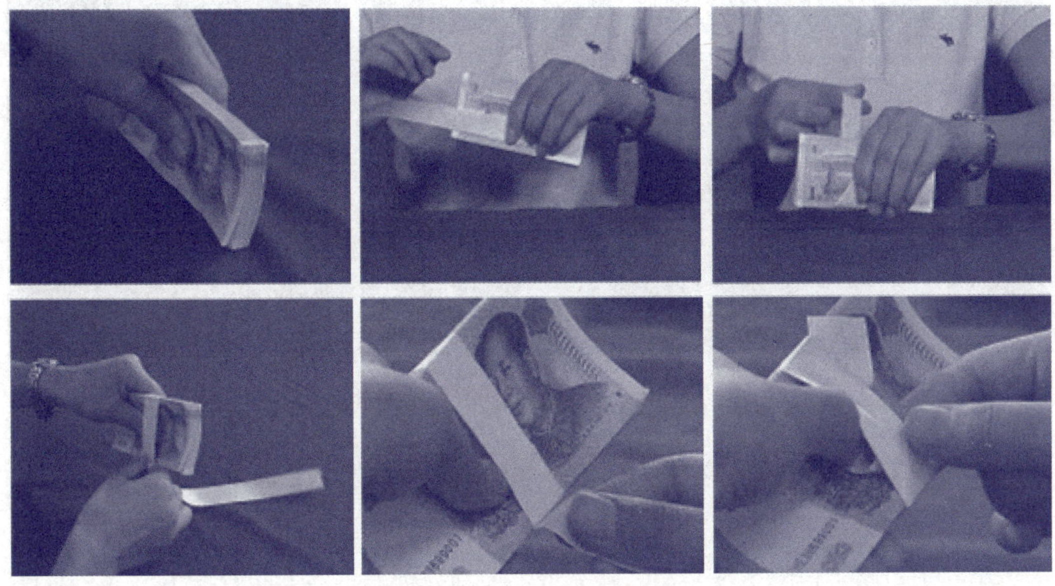

图 1 - 5　顺时针方向缠绕折掖法

准备姿势：将墩齐的钞券横执，左手虎口张开，拇指在券前，其余四指在券后，握住钞券左上方，将钞券略呈拱形。

第一步：右手持腰条纸一端，将光滑一面贴着钞券掖在左手食指下。

第二步：右手拇指和食指夹着腰条纸长的一端向下折一直角后往内沿钞券绕半圈，然后变换以食指与中指夹着腰条纸绕完第一圈，并将腰条纸拉紧，使钞券呈拱形，再绕第二圈。绕时注意两圈腰条纸要重叠。

工作时一般需要绕两圈，考试或比赛时视情况可以只绕一圈。

第三步：绕完两圈后，右手拇指和食指捏着腰条纸在钞券内下侧，右手拇指顺势将腰条纸向右折成三角形，下边与钞券尽可能齐平，然后将腰条纸多余部分塞入钞券凹面里。

第四步：将钞券拱形压平。

（二）逆时针方向缠绕折掖法

逆时针方向缠绕折掖法见图 1－6。

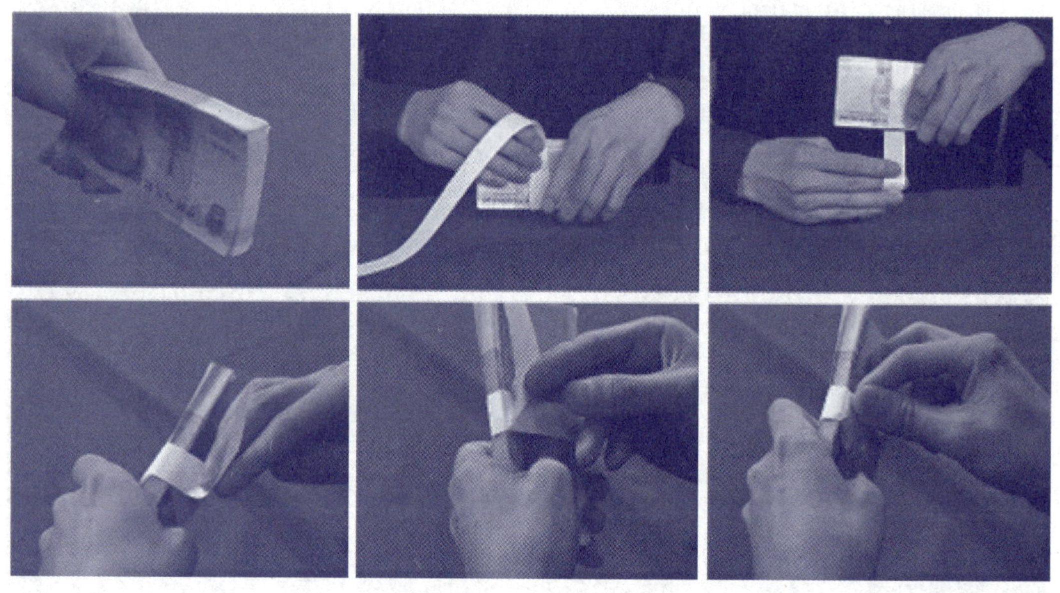

图 1－6　逆时针方向缠绕折掖法

准备姿势：将墩齐的钞券横执，左手虎口张开，拇指在券前，其余四指在券后，握住钞券使钞券略呈拱形。

第一步：右手持腰条纸一端，将光滑一面贴着钞券掖在左手食指下。

第二步：用右手中指和无名指夹着腰条纸往上向内沿钞券绕半圈，然后变换以食指与中指夹着腰条纸绕完第一圈，并将腰条纸拉紧，使钞券呈拱形，再绕第二圈，注意两圈腰条纸要重叠。

工作时一般需要绕两圈，考试或比赛时视情况可以只绕一圈。

第三步：绕完两圈后，右手食指和中指捏着腰条纸在钞券内上侧，右手食指将腰条纸向右折 45 度角，将腰条纸折成三角形，三角形上边与钞券尽可能齐平，右手拇指顺势按住三角形处，并用食指将腰条纸多余部分塞入钞券凹面里。

第四步：将钞券拱形压平。

七、盖章

每点完一把钞券都要盖上点钞员名章，图章应盖在钞券上侧的腰条纸上，印章要清晰。

手持式单指单张拇指捻点法总结如图 1－7 所示。

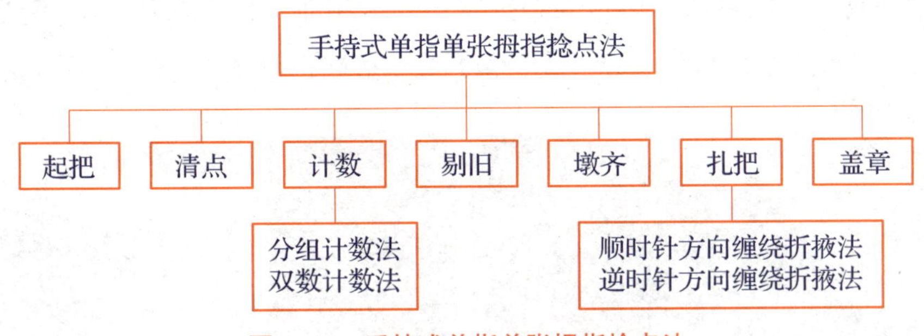

图 1－7　手持式单指单张拇指捻点法

知识补充

手持式点钞法是将钞券拿在手上进行清点的点钞方法。手持式单指单张拇指捻点法是一种适用面较广的点钞方法，可用于收款、付款和整点各种新旧大小钞券。这种点钞方法的优点是：持票人持票所占的票面较小，视线可及票面的四分之三，容易识别假币，挑剔残破币、分版也较方便。

活动练习

根据手持式单指单张拇指捻点法的操作要领进行计时训练，训练时既要注意领会和掌握每个环节的要领，又要注意各环节的连贯；既要保证准确率，又要尽可能加快速度。

活动二　手持式单指单张食指（或中指）拨点法

活动目标

熟练掌握手持式单指单张食指（或中指）拨点法各操作步骤的要领，学会手持式单指单张食指（中指）拨点法。

操作步骤

手持式单指单张食指（或中指）拨点法的操作方法除起把和清点外，其他均与手持式单指单张拇指捻点法相同。下面我们来分析手持式单指单张食指（或中指）拨点法的起把和清点的操作要领。

一、起把

手持单指单张食指拨点法起把

左手中指在券前，食指、无名指、小指在券后将钞券夹紧，将钞券向左翻起，形成弧形；拇指轻轻按着钞券横侧面，食指抵住钞券外侧面。手持式单指单张食指（或中指）拨点法起把见图 1-8。

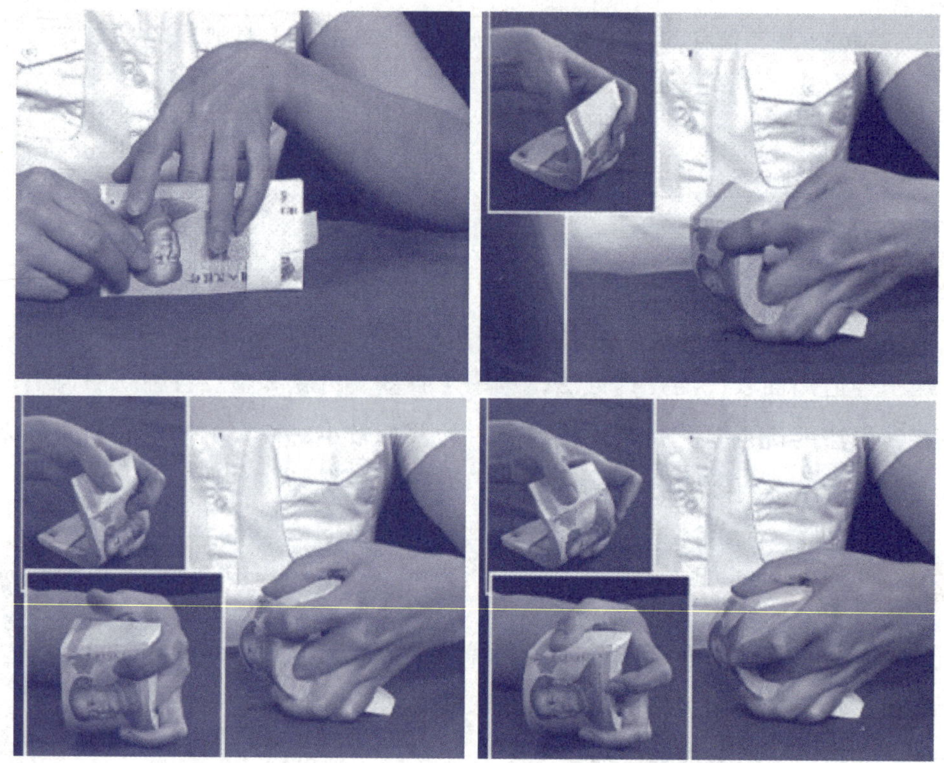

图 1-8　手持式单指单张食指（或中指）拨点法起把

二、清点

手持单指单张食指拨点法清点

右手拇指托住钞券内侧少量部分，并且随着钞券不断下捻向前移动，以托住另一部分钞券；用右手食指（或中指）指尖在钞券三分之一处或左上角向下捻钞，一次捻 1 张；右手捻钞的同时，左手食指和拇指要配合。随着钞券不断往下捻，左手拇指要不断往后退，并将钞券向前推。手持式单指单张食指（或中指）拨点法清点见图 1-9。

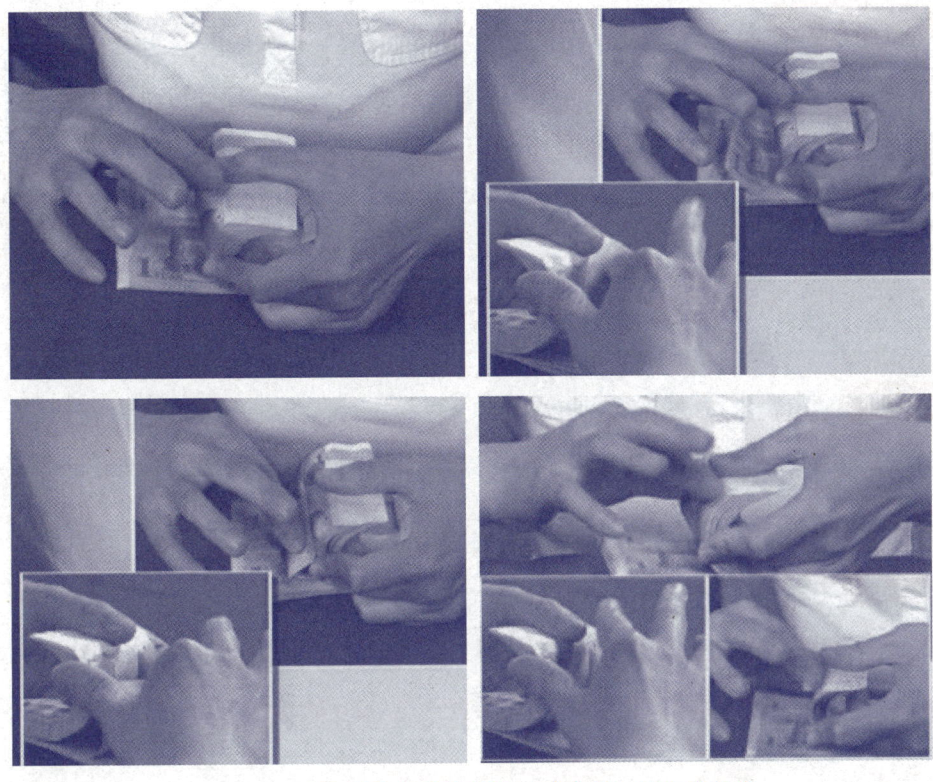

图 1-9　手持式单指单张食指（或中指）拨点法清点

此方法也可拨点钞券左下角。手持式单指单张食指（或中指）拨点法点钞券左下角见图 1-10。

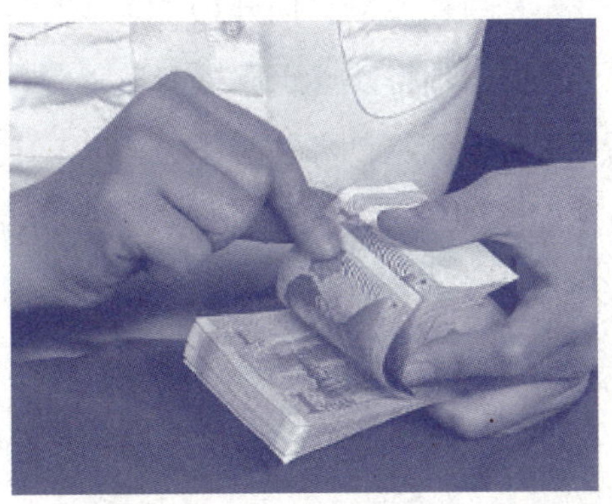

图 1-10　手持式单指单张食指（或中指）拨点法点钞券左下角

知识补充

手持式单指单张食指（中指）拨点法的速度较快，是单指单张点钞法中较适合考试和比赛的方法之一。

活动练习

根据手持式单指单张食指（中指）拨点法的操作要领进行计时训练，训练时既要注意领会和掌握每个环节的要领，又要注意各环节的连贯；既要保证准确率，又要尽可能加快速度。

活动三　手持式四指依次捻点法

活动目标

熟练掌握手持式四指依次捻点法各操作步骤的要领，学会手持式四指依次捻点法。

操作步骤

下面我们以点钞基本环节为顺序，以整点成把钞券为例来分析手持式四指依次捻点法的操作要领。

一、起把

钞券横立，左手持钞。持钞时，手心朝胸前，手指向下，中指在票前，食指、无名指、小指在票后，将钞券夹紧；以中指为轴心五指自然弯曲，中指第二关节顶住钞券，向外用力，小指、无名指、食指、拇指同时向手心方向用力，将钞券压成“U”形，“U”口朝左略偏里。食指和拇指要从右上侧将钞券往里下方轻压，打开微扇；手腕向里转动90度，使钞券的凹面向左但略朝里，凸面朝外向右；中指和无名指夹住钞券，食指移到钞券外侧面，用指尖抵住钞券，以防下滑，大拇指轻轻按住钞券外侧面，既要防止钞券下滑又要配合右手清点。最后，左手将钞券移至离胸前约20厘米处的位置，右手四指头同时沾水，做好清点准备。手持式四指依次捻点法起把见图1－11。

二、清点

两只手摆放要自然，一般左手持钞略低，右手手腕抬起高于左手。清点时，右手拇指轻轻托住内上角里侧的少量钞券，其余四指自然并拢，弯曲成弓形；食指在上，中指、无名指、小指依次略低，四个指尖呈一条斜线。然后从小指开始，四个指尖依次顺序各捻下一张，四指共捻四张。接着以同样的方法清点，循环往复，点完25次即点完100张。手持式四指依次捻点法清点见图1-12。

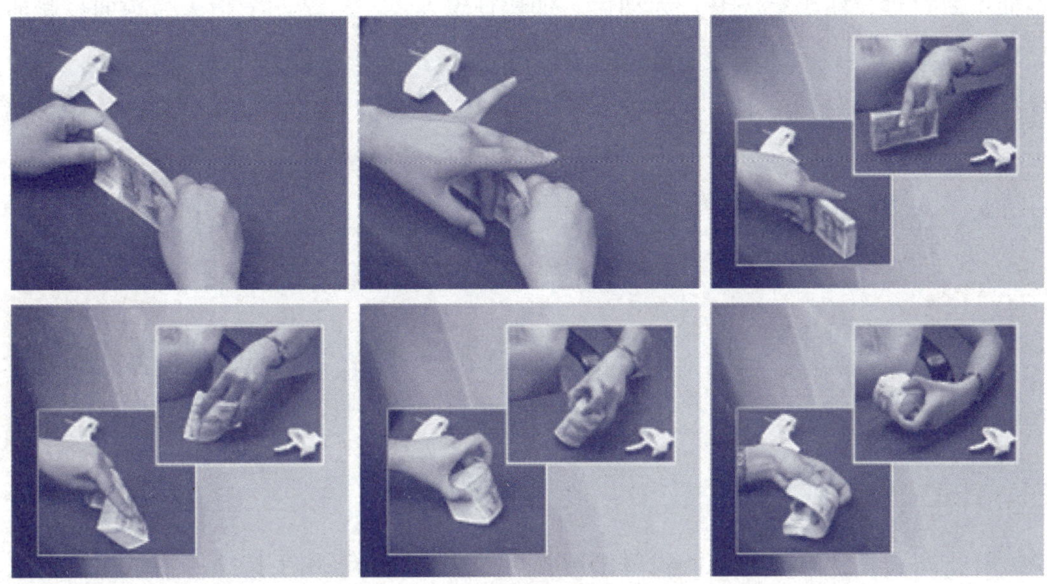

图1-11　手持式四指依次捻点法起把

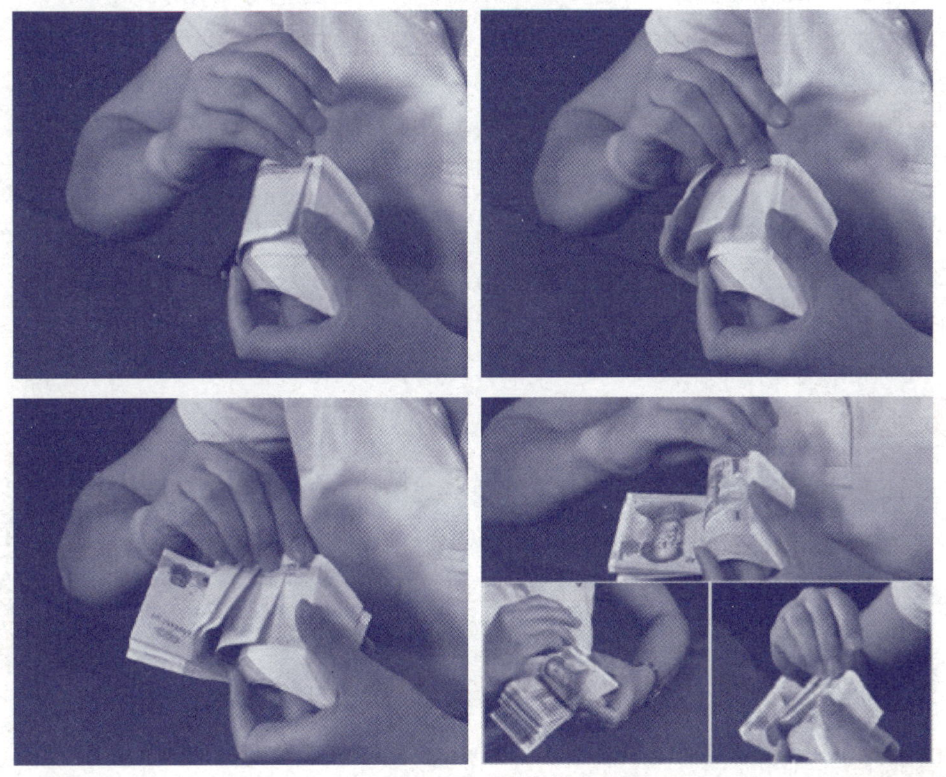

图1-12　手持式四指依次捻点法清点

用这种方法清点要注意以下几个方面：一是捻钞动作要连续，当食指捻下本组最后一张时，小指要紧紧跟上，每组之间不要有间歇。二是捻钞幅度要小，手指离票面不要过远，四个指头要一起动作，加快往返速度。三是四个指头与票面接触面要小，应用指尖接触票面进行捻动。四是右手拇指随着钞券的不断下捻向前移动，托住另一部分钞券，但不能离开钞券。五是在右手捻钞的同时左手要配合动作，每当右手捻下一次钞券，左手拇指就要往指尖推送一次，使捻出的钞券自然下落，往复动作，使下钞顺畅自如。

三、计数

手持四指依次捻点法计数

采用分组计数法。以四个指头顺序捻下四张为一组，25 组即为 100 张。

四、扎把与盖章

扎把与盖章的方法与手持式单指单张点钞法相同。采用手持式四指依次捻点法点钞，清点前不必先拆腰条纸，只要将捆扎钞券的腰条纸挪移到离钞券左端四分之一处就可以开始清点，发现问题可保持原状，便于追查。清点完毕后，初点不用勾断腰条纸，复点完时顺便将腰条纸勾断，重新扎把盖章。

知识补充

手持式四指依次捻点法也称手持式四指拨动点钞法、手持式四指扒点法。它适用于收款、付款和整点工作，是比较适合柜面收付款业务的点钞方法。它的优点是速度快、效率高。由于每个手指清点一张，票面可视幅度较大，看得较为清楚，有利于识别假币和挑剔损伤券。

活动练习

手持四指依次捻点法完整视频

根据手持式四指依次捻点法的操作要领进行计时训练，训练时既要注意领会和掌握每个环节的要领，又要注意各环节的连贯；既要保证准确率，又要尽可能加快速度。

活动四　手持式四指齐下捻点法

活动目标

熟练掌握手持式四指齐下捻点法各操作步骤的要领，学会手持式四指依次捻点法。

操作步骤

手持式四指齐下捻点法的操作方法除清点外，其他均与手持式四指依次捻点法相同。下面我们来分析其清点要领。手持式四指齐下捻点法清点见图 1－13。

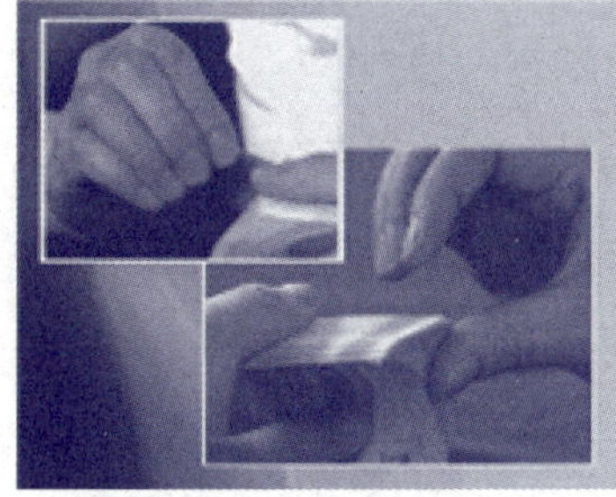
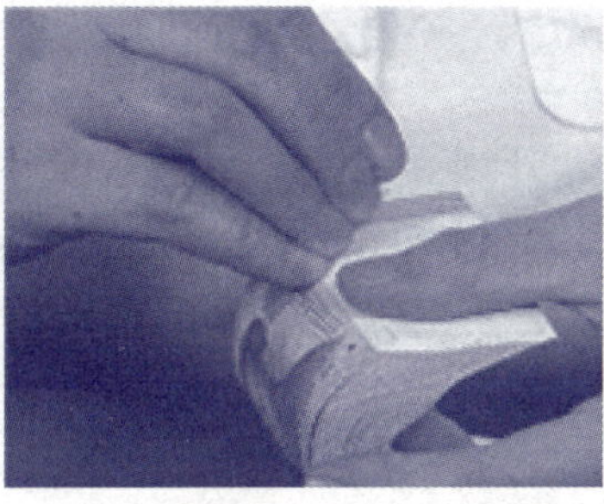
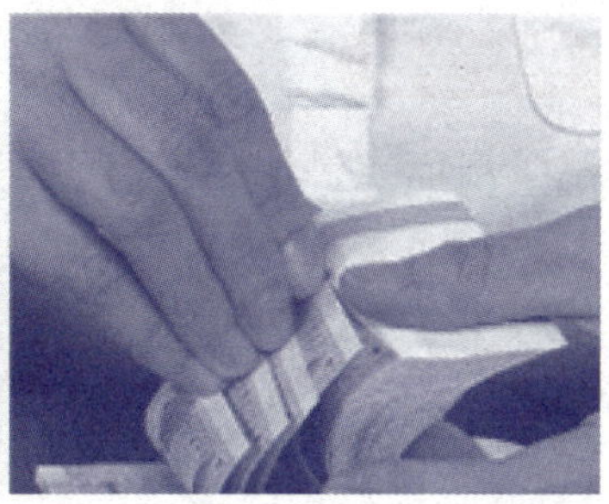

图 1－13　手持式四指齐下捻点法清点

右手拇指指腹托住钞券内侧面的少量部分，食指、中指、无名指、小指指尖并齐。

清点时，右手按小指、无名指、中指、食指顺序，在钞券三分之一处依次一指捻一张，当食指捻下最后一张时，小指要紧紧跟上，每组动作之间不要间歇。注意在捻钞过程中，四指指尖始终并齐，不能分开。同时拇指随着钞券不断下捻向前移动，以托住另一部分钞券。

右手捻钞的同时，左手拇指要配合推送钞券。随着钞券不断往下捻，左手拇指要不断往后退，并将钞券推送到指尖。

知识补充

手持式四指齐下捻点法也称手持式四指拨动点钞法、手持式四指扒点法。它与手持式四指依次捻点法仅在清点时右手四指尖的操作要领上有区别。四指依次捻点法四指尖捻钞有先后顺序，准确率高，初学者易学；四指齐下捻点法四指尖始终并齐，不分开，一起捻钞，若学员能保证准确率，则是多指多张点钞法中最适合考试和比赛的方法之一。

活动练习

根据手持式四指齐下捻点法的操作要领进行计时训练，训练时既要注意领会和掌握每个环节的要领，又要注意各环节的连贯；既要保证准确率，又要尽可能加快速度。

活动五　扇面式点钞法

活动目标

熟练掌握扇面式点钞法各操作步骤的要领，学会扇面点钞法。

操作步骤

扇面点钞法一般有拆把、开扇、清点、计数、合扇、墩齐和扎把等基本环节。由于清点方法不同，可分为一按多张点钞法及四指多张点钞法两种。一次按得越多，点数的难度就越大，初学者应注意选择适当的张数。扇面式一按多张点钞法的操作要领如下。

一、持券拆把

钞券竖拿，左手拇指在钞券前面，食指和中指在钞券背面，一并捏住钞券左下角约三分之一处，左手无名指和小指自然弯曲。右手拇指在钞券前，其余四指横在钞券后约二分之一处，用虎口卡住钞券，并把钞券压成瓦形，再用拇指勾断钞券上的腰条纸做开扇准备。

二、开扇

以左手拇指和食指持票的位置为轴心，右手食指和中指将钞券往怀里方向压弯，左手拇指向左捻动钞券。然后右手拇指接替左手拇指和食指的轴心位置，向左捻动钞券，同时食指和中指捏住钞券，在背面向右持续用力捻动，使钞券均匀散开形成扇面。扇面式一按多张点钞法开扇见图 1－14。

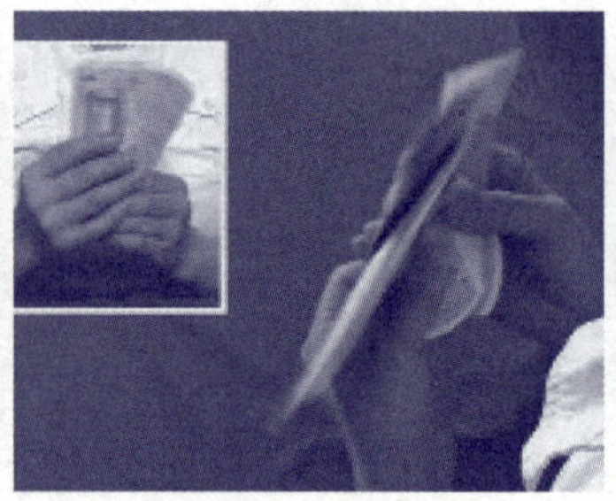

图 1－14　扇面式一按多张点钞法开扇

三、清点

清点时，左手持扇面，扇面平持，钞券上端略上翘，使钞券略倾斜，右手中指、无名指、小指托住钞面背面，右手拇指一次按 5 张或 10 张钞券，按下的钞券由食指压住，接着拇指按第二次，以此类推。同时，左手应随着右手点数的速度以腕部为轴稍向怀里方向转动扇面。右手向前移动时，眼睛也应随着右手向左移动，做到手眼配合。用这种方法清点时，要注意拇指下按时用力不宜过大，下按时拇指一般按在钞券的右上角。从下按的张数来看，可一次下按 6 张、8 张、12 张、14 张、16 张等。扇面式一按多张点钞法清点见图 1－15。

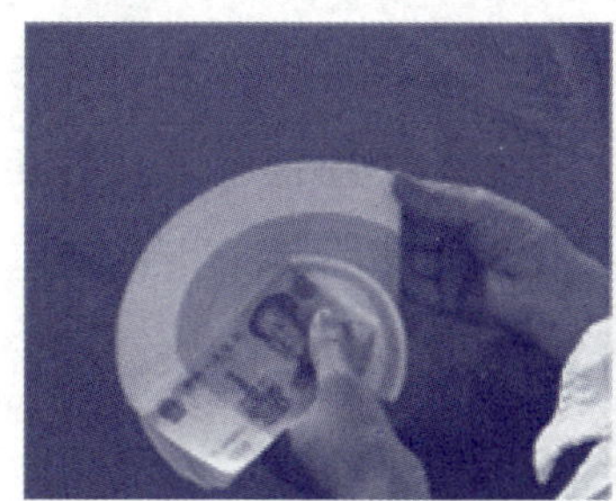
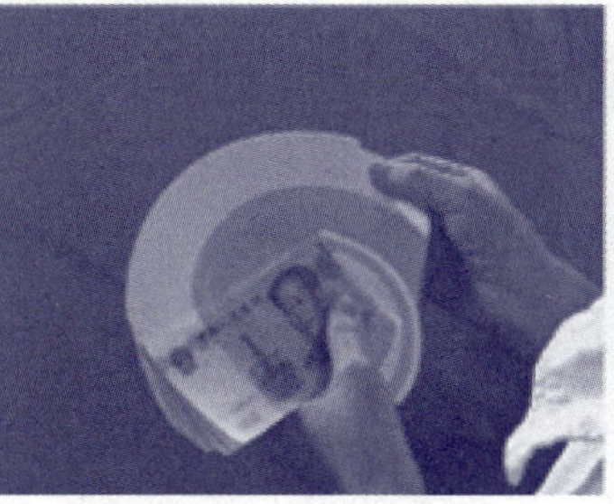
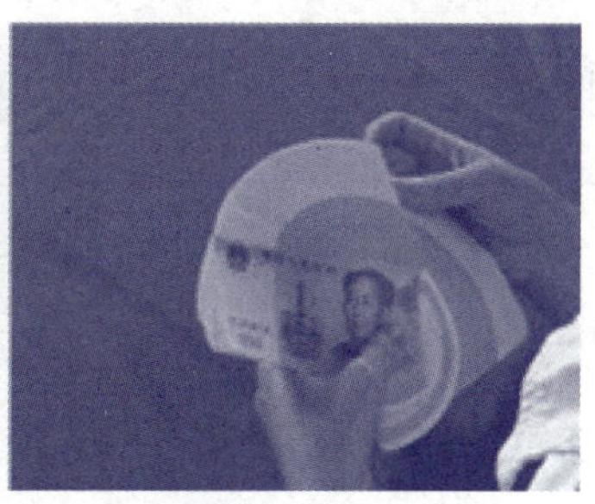

图 1－15　扇面式一按多张点钞法清点

四、计数

采用分组计数法。一按 5 张即每 5 张为一组，记满 20 组为 100 张。一按 10 张即每 10 张为一组，记满 10 组即为 100 张。以此类推。

五、合扇

清点完毕即可合扇。合扇时，左手用虎口松拢钞券向右边压；右手拇指在前，其余四指在后托住钞券右侧并从右向左合拢，左右手一起往中间稍用力，使钞券竖立在桌面上，两手松拢轻墩。钞券墩齐后即可扎把。

扇面式点钞法的操作要领总结如图 1－16 所示。

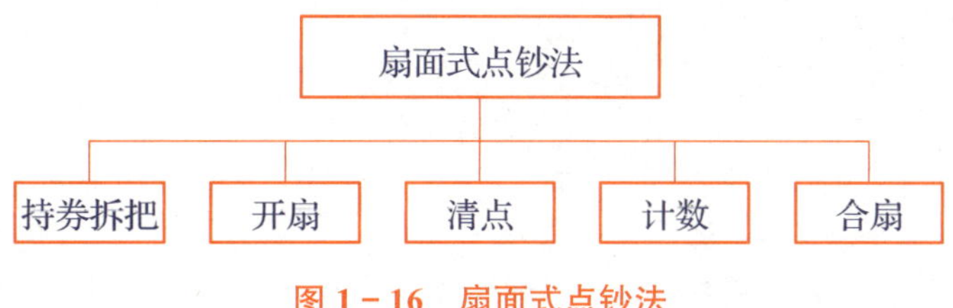

图 1－16　扇面式点钞法

知识补充

扇面式点钞法最适用于整点新券及复点工作，是一种效率较高的点钞方法。但这种点钞方法清点时往往只看票边，票面可视面极小，不便挑剔残破券和鉴别假币，不适用整点新旧币混合的钞券。

扇面式点钞法除上面介绍的一指多张点钞法外，还可以四指多张点钞。扇面式四指多张点钞，有一指下按 5 张、6 张、7 张、8 张等，最多可达 15 张，因此这种点钞方法的速度相当快，这种点钞方法的持票拆把、开扇、计数、合扇等方法与扇面式一按多张点钞法相同，仅清点方法有所区别。

清点时，左手持扇面，右手清点。先用右手拇指下按第一个 5 张，然后右手食指沿钞券上端向前移动下按第二个 5 张，中指和无名指依次下按第三、第四个 5 张，这样即完成一组动作。当无名指下按第四个 5 张后，拇指应迅速接着下按第五个 5 张，即开始第二轮的操作。四个手指依次轮流反复操作。由于右手手指移动速度快，在清点过程中要注意右臂要随各个手指的点数轻轻向左移动，还应注意每指清点的张数应相同。下按 6 张、7 张等钞券的方法与下按 5 张相同。

用五个手指、三个手指、二个手指均可清点，其清点方法与四指多张相同。

活动练习

扫码请看

扇面式点钞法起把清点

根据扇面式点钞法的操作要领进行计时训练，训练时既要注意领会和掌握每个环节的要领，又要注意各环节的连贯；既要保证准确率，又要尽可能加快速度。

项目小结

通过手持式点钞技术的学习和实训，学习者能够掌握正确的指法和操作步骤，熟练运用手持式各种点钞方法进行点钞。

项目二

手按式点钞技术

手按式点钞法根据每组清点钞券的张数分为单指单张点钞和多指多张点钞。单指单张点钞根据清点方法分为食指捻点法、拇指捻点法等；多指多张点钞根据清点方法分为单指推动点钞法、翻点法、多指捻点法、多指拨点法和多指推点法等。

活动一　手按式单指单张食指捻点法

活动目标

熟练掌握手按式单指单张食指捻点法各操作步骤的要领，学会手按式单指单张食指捻点法。

操作步骤

下面我们以点钞基本环节为顺序，以整点成把钞券为例来分析手按式单指单张食指捻点法点法的操作要领。

一、起把

扫码请看
手按式单指单张食指捻点法起把

将钞券横放在桌面上，一般在点钞员正胸前。左手小指、无名指微弯曲按住钞券左上角，约占票面三分之一处，食指伸向腰条纸并将其勾断，拇指、食指和中指做好点钞准备。手按式单指单张食指捻点法起把见图 1－17。

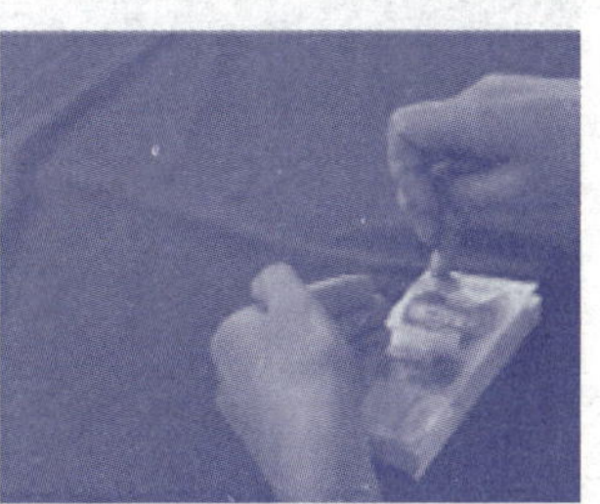

图 1－17　手按式单指单张食指捻点法起把

二、清点

右手拇指托起右下角的部分钞券，用右手食指捻动钞券，其余手指自然弯曲。右手食指每捻起一张，左手拇指便将钞券向上推送到左手食指与中指间夹住，这样就完成了一次点钞动作，依次连续操作。

在清点过程中，每捻起一张都需要一组完整动作，不仅影响速度，而且钞券容易滑动以致松散，不易清点，手指容易疲劳。为避免这种情况，清点时可按以下方法操作：当右手食指每捻起一张时先由左手拇指切数并用拇指和食指夹住；捻数张后，左手拇指即将钞券推送到食指和中指之间夹住。一般捻起 5 张或 10 张后左手拇指便推动一次。手按式单指单张食指捻点法清点见图 1 - 18。

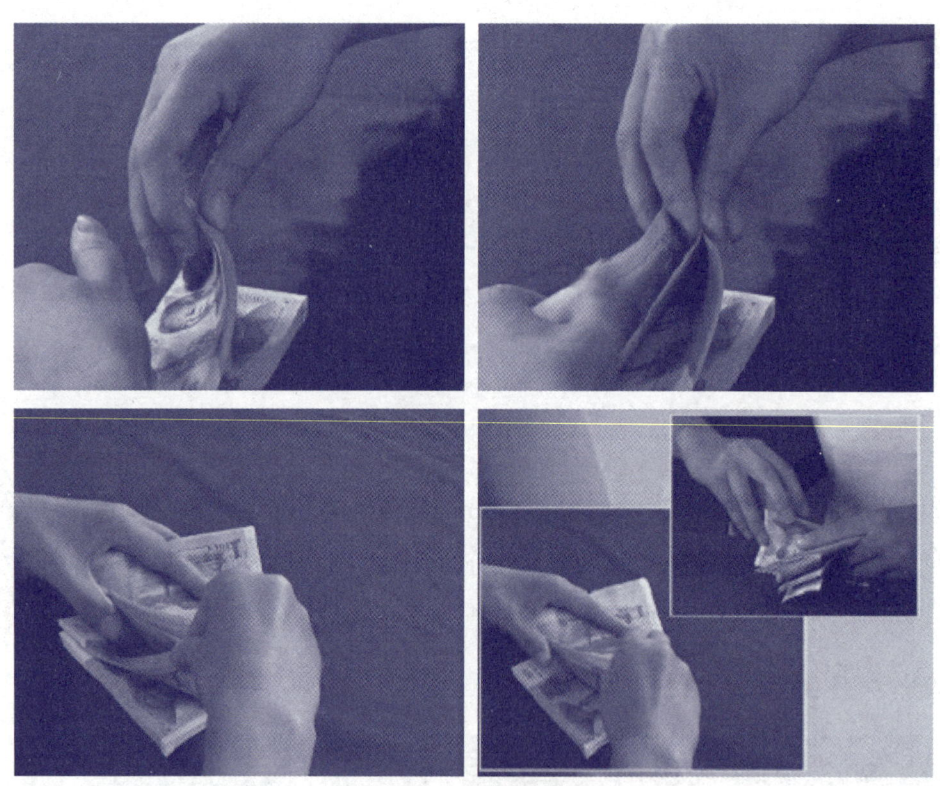

图 1 - 18 手按式单指单张食指捻点法清点

用这种方法清点时，应注意右手拇指托起的钞券不要太多，否则会使食指捻动困难；也不宜太少，太少会增加拇指活动次数，从而影响清点速度。一般以 20 张左右为宜。

三、计数

计数可采用双数计数法，数到 50 时即为 100 张；也可采用分组计数法，以 10 张为一组计数。计数方法与手持式单指单张点钞法基本相同。

知识补充

手按式单指单张食指捻点法是一种最传统的点钞方法，这种点钞方法逐张清点，看到的票面较大，便于挑剔损伤券和鉴别假币，特别适宜于清点散把钞券和辅币及残破券较多的钞券，但速度较慢，且手指关节易累。

活动练习

根据手按式单指单张食指捻点法的操作要领进行计时训练，训练时既要注意领会和掌握每个环节的要领，又要注意各环节的连贯；既要保证准确率，又要尽可能加快速度。

活动二　手按式单指单张拇指捻点法

活动目标

熟练掌握手按式单指单张拇指捻点法各操作步骤的要领，学会手按式单指单张拇指捻点法。

操作步骤

手按式单指单张拇指捻点法的操作方法除了起把和清点外，其他均与手按式单指单张食指捻点法相同。下面我们来分析其起把和清点的要领。

一、起把

起把时可将腰条纸挪移到钞券左侧；左手小指、无名指、中指微弯曲按住钞券的左半部分；右手将钞券向左上方推成瓦形后，左手拇指按住上侧面；左手食指抵住钞券内侧面。手按式单指单张拇指捻点法起把见图 1-19。

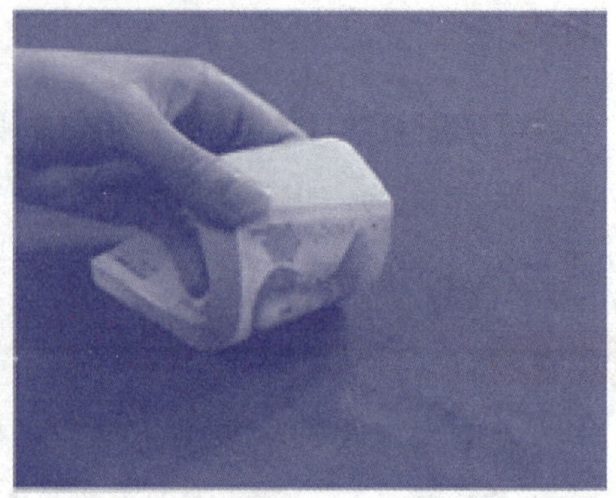

图 1－19　手按式单指单张拇指捻点法起把

二、清点

右手食指和中指抵住钞券外侧面，用拇指指尖捻钞；同时，左手拇指和右手食指、中指要配合。随着钞券不断往下捻，左手拇指要不断往后退，右手食指、中指要不断向前进。手按式单指单张拇指捻点法清点见图 1－20。

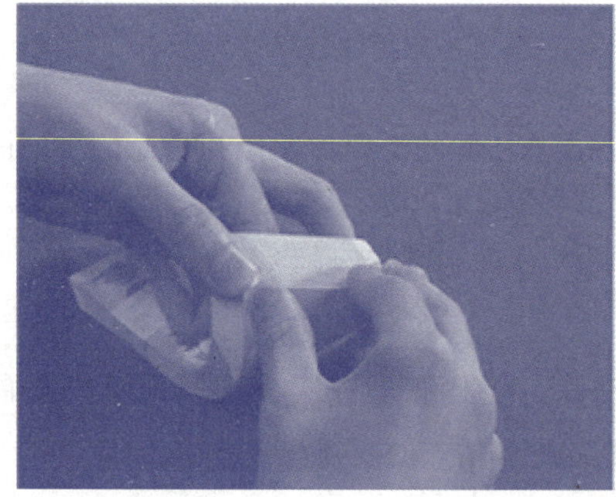
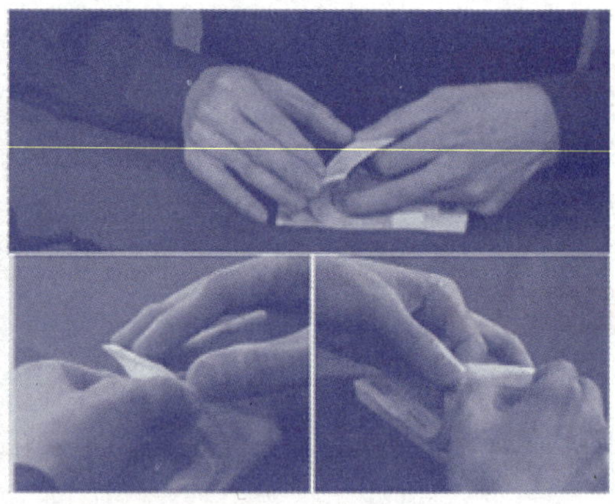

图 1－20　手按式单指单张拇指捻点法清点

知识补充

手按式单指单张拇指捻点法是将手按式单指单张食指捻点法的压钞和手持式单指单张拇指捻点法的清点有机结合起来的一种创新方法，其特点是既能轻松起把，又能省力加快速度，是单指单张点钞法中适宜考试和比赛的方法之一。

活动练习

根据手按式单指单张拇指捻点法的操作要领进行计时训练，训练时既要注意领会和掌握每个环节的要领，又要注意各环节的连贯；既要保证准确率，又要尽可能加快速度。

扫码请看
手按式单指单张拇指捻点法完整视频

活动三　手按式单指推动点钞法

活动目标

熟练掌握手按式单指推动点钞法各操作步骤的要领，学会手按式单指推动点钞法。

操作步骤

下面我们以点钞基本环节为顺序，以整点成把钞券为例来分析手按式单指推动点钞法的操作要领。

一、起把

把钞券横放在桌面上，左手无名指和小指微屈按住钞券左上角约三分之一处。右手肘靠在桌子上，右手五个手指自然弯曲，用中指第一关节托起部分钞券后，中指、无名指、小指垫入部分钞券下面。手按式单指推动点钞法起把见图 1－21。

扫码请看
手按式单指推动点钞法起把

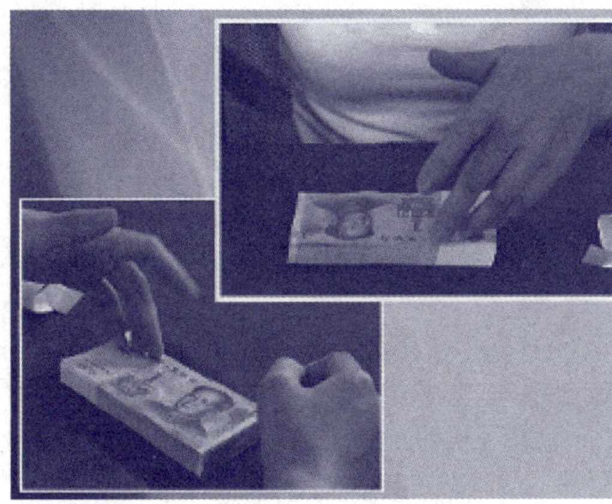
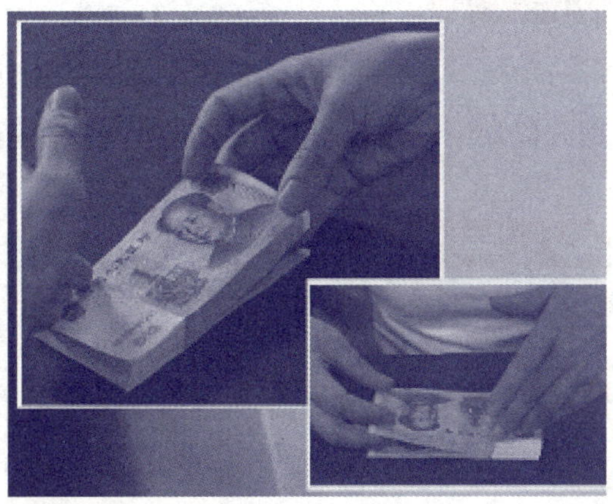

图 1－21　手按式单指推动点钞法起把

二、清点

扫码请看
手按式单指推动点钞法清点

拇指从右下角推起数张钞券，食指按在钞券右上角，防止拇指推动时钞券向上移动。左手拇指根据右手推起的钞券数并将钞券推送到中指与食指之间夹住。这样便完成了一组动作，以此类推。

用这种方法清点，要注意右手拇指推动时，要先用拇指尖开始推动，直到拇指腹收尾为止。拇指用力要均匀，这样才能均匀地把钞券推捻开。一般一次推捻3～10张，中指托起的钞券也不宜太多。切数时，眼睛要从钞券里侧往外看。手按式单指推动点钞法清点见图1－22。

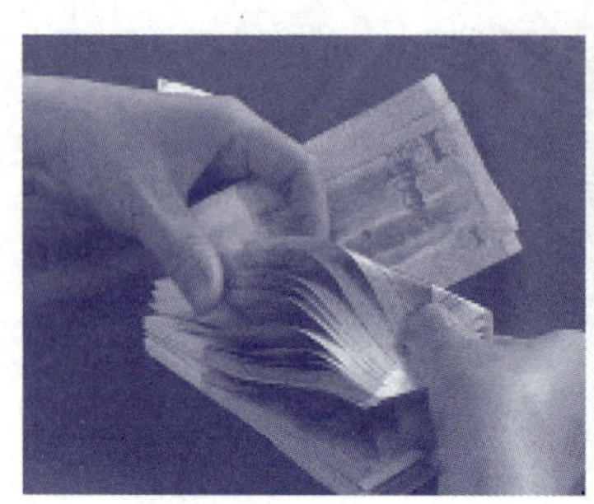

图1－22　手按式单指推动点钞法清点

三、计数

扫码请看

手按式单指推动点钞法计数

计数可采用分组计数法。如一次推捻4张，以4张为一组，25组即为100张。以此类推。

知识补充

手按式单指推动点钞法也是使用较广的一种点钞方法。这种点钞方法效率较高，但除第一张外，其余各张票面可视面很小，不易发现假币和剔除损伤券。

活动练习

扫码请看

手按式单指推动点钞法完整视频

根据手按式单指推动点钞法的操作要领进行计时训练，训练时既要注意领会和掌握每个环节的要领，又要注意各环节的连贯；既要保证准确率，又要尽可能加快速度。

活动四　手按式翻点法

活动目标

熟练掌握手按式翻点法各操作步骤的要领，学会手按式翻点法。

操作步骤

下面我们以点钞基本环节为顺序，以整点成把钞券为例来分析手按式翻点法的操作要领。

一、起把

手按式翻点法起把

先双手持票。持票时，钞券竖立，两手拇指在前，其余四指在后，捏住钞券（捏在票面四分之一处）。然后右手把钞券按顺时针方向转动，左手拇指配合右手将钞券向右推，使钞券成微扇形。打开扇面后，将钞券稍斜竖放在桌面上，右下端伸出桌面约两厘米以便右手将钞券扳起。放钞时也可不打开扇面。放好钞券后，左手小指、无名指、中指按住钞券左侧，拇指和食指自然弯曲，做好点钞准备。手按式翻点法起把见图 1－23。

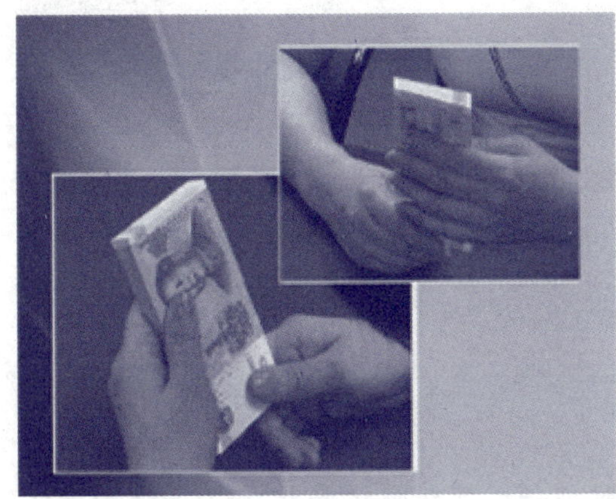
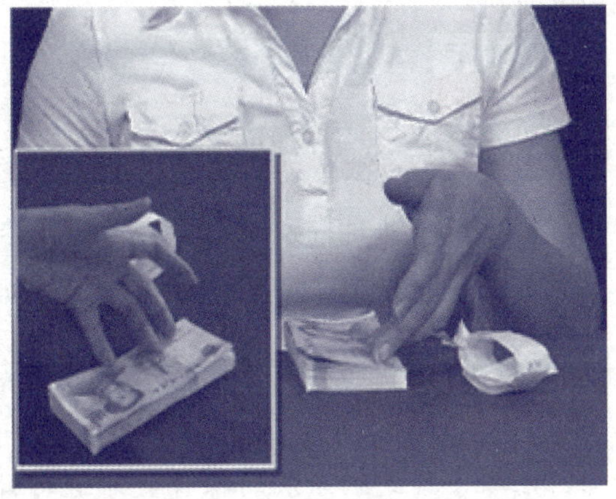

图 1－23　手按式翻点法起把

二、清点

手按式翻点法清点

右手除拇指外，其余四指自然弯曲。用拇指指尖和食指第一关节捏住钞券右下角少量部分后，以拇指和食指捏的位置为轴心，右手腕转动将钞券向左上方翻开，使钞券均匀散开形成扇形。左手拇指对右手翻开的钞券进行切数，一般一次切 5 张，每切一次便将钞券送到食指和中指间，同时右手拇指和食指放开已被切数的钞券。手按式翻点法清点见图 1－24。

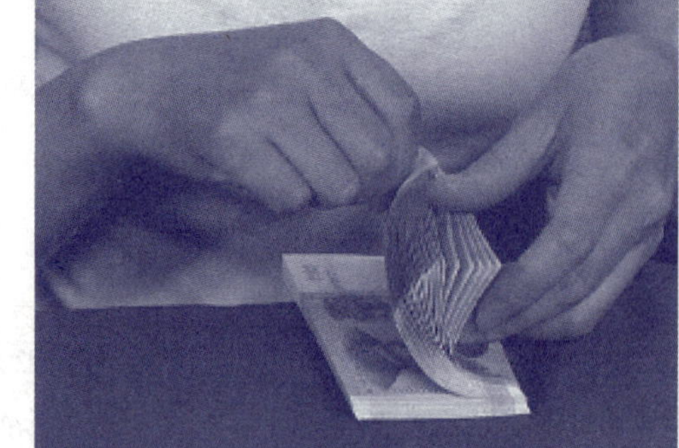

图 1-24　手按式翻点法清点

三、计数

采用分组计数法。如一次翻 5 张，5 张为一组，记满 20 组即为 100 张；如一次翻 10 张，以 10 张为一组，记满 10 组即为 100 张。以此类推。

知识补充

手按式翻点法点钞方法的优点是速度快、效率高，清点比较省力，劳动强度较小。但由于翻动时看到的票面小，残破券、假币及夹版钞不易被发现和剔除，因此新旧大小版面混在一起或残破币太多的钞券，不宜用这种方法清点。

活动练习

根据手按式翻点法的操作要领进行计时训练，训练时既要注意领会和掌握每个环节的要领，又要注意各环节的连贯；既要保证准确率，又要尽可能加快速度。

项目小结

通过手按式点钞技术的学习和实训，学习者能够掌握正确的指法和操作步骤，熟练运用各种手按式点钞方法进行点钞。

项目三

机具点钞技术和钞券捆扎技术

机具点钞就是使用机具点钞代替手工点钞，减轻银行临柜人员的劳动强度，从而提高工作效率，加速资金周转。随着金融事业的不断发展，机具点钞已成为银行临柜人员点钞的主要方法。

活动一　机器点钞技术

活动目标

掌握点钞机点钞的操作要领，学会点钞机点钞。

基础知识

一、点钞机的一般常识

点钞机按照钞券运动轨迹的不同分为立式和气吸式等类型。气吸式点钞机是通过气泵吸嘴转动将钞券一张张吸附、放开，同时用光电器件完成计数的一种点钞机。这种点钞机点钞速度快，每百张钞券可在2～4秒内完成。由于它清点钞券时只需利用钞券的一端，故清点时不必拆下捆扎的腰条纸，可减少整理、捆扎等环节，杜绝了串把差错。气吸式点钞机对钞券的质量要求较高，点钞时不能看到票面，因而无法识别假钞及不同券别。气吸式点钞机适用于大量复点的钞券、有价证券等。

立式点钞机采用面出钞连续分张，以每秒15张以上的速度对钞券进行清点、辨伪，通常还具有自动开停机、预置数、防双张、防粘张和防夹心等辅助功能。辨伪手段通常有荧光识别、磁性分析、红外穿透三种方式。点钞机由捻钞、出钞、接钞、传动、机架和电子电路六部分组成。立式点钞机图示见图1－25。

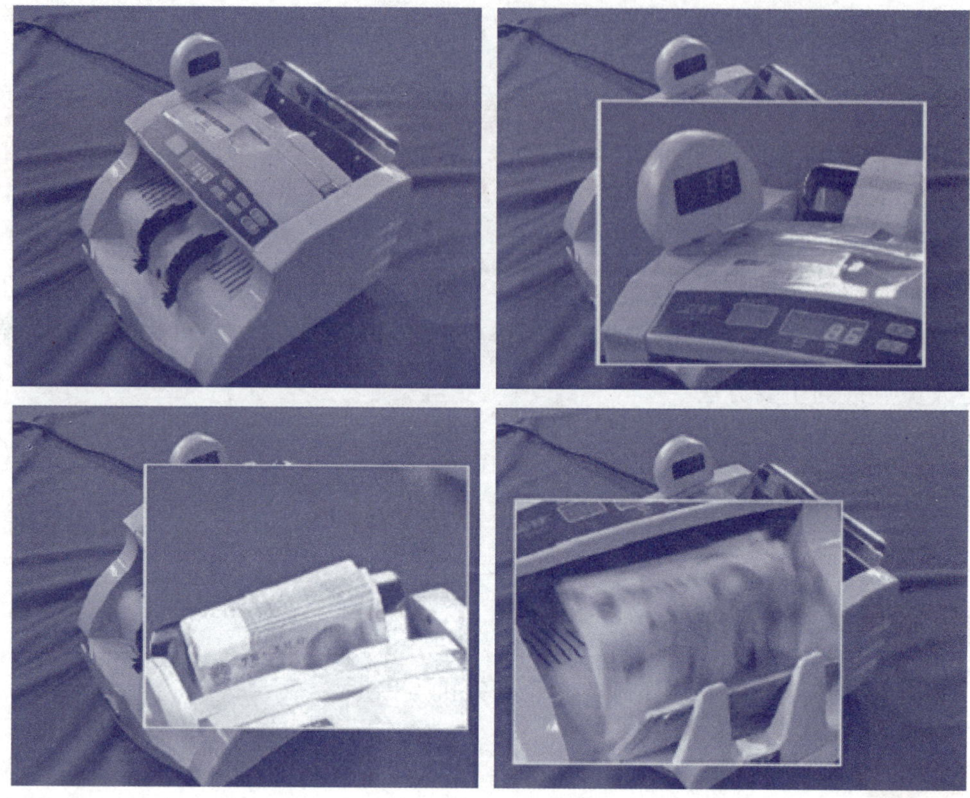

图 1－25　立式点钞机

二、点钞前的准备工作

（一）点钞机的放置

点钞机一般放在点钞员正前方的桌上，离胸前 30 厘米左右。

（二）钞券和工具的放置

机器点钞是连续作业，且速度相当快，因此钞券和操作的用具摆放位置必须固定，这样才能做到忙而不乱。一般来说，未清点的钞券放在机器右侧，已经清点的钞券放在机器左侧；腰条纸横放在点钞机前面即靠点钞员胸前的一侧。其他各种用具放置要适当、顺手。点钞机、钞券和用具的放置见图 1－26。

（三）试机

首先检查机件是否完好，再打开电源，检查捻钞轮、传送带、接钞台运行是否正常，灯泡、数码管显示是否正常。然后开始调试下钞斗，松紧螺母，通常以壹元

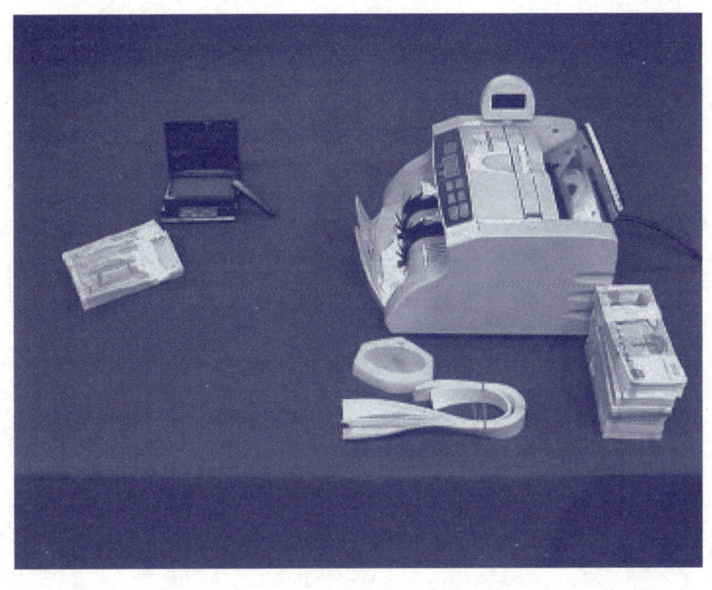

图 1-26 点钞机、钞券和用具的放置

券为准，调到不松、不紧、不夹、不阻塞为宜。调试时，右手持一张钞券放入下钞斗，捻钞轮将钞券一捻住，马上用手抽出，以捻得动抽得出为宜。

调整好点钞机后，还应拿一把钞券试试，看看机器转速是否均匀，下钞是否流畅均匀，点钞是否准确，落钞是否整齐。若传送带上钞券排列不均匀，说明下钞速度不均，要检查原因或调节下钞斗底部螺丝。若出现不整齐、票面歪斜现象，说明下钞斗与两边的捻钞轮相距不均匀，往往造成距离近的一边下钞慢，钞券一端向送钞台倾斜，传送带上钞券呈一斜面排列，反之下钞斗与捻钞轮距离远的一边下钞快。这样应将下钞斗两边的螺丝进行微调，直到调好为止。

操作步骤

一、持钞拆把放钞

用右手从机器右侧拿起钞券，拇指与中指、无名指、小指分别捏住钞券两侧，拇指在里侧，其余三指在外侧，将钞券横捏成拱形，食指在中间自然弯曲。用左手将腰条纸抽出，右手将钞券速移至下钞斗上面，同时用右手拇指和食指捏住钞券上侧边，中指、无名指、小指松开，使钞券弹回并自然形成微扇面。这样即可将钞券放入下钞斗。持钞拆把放钞见图 1-27。

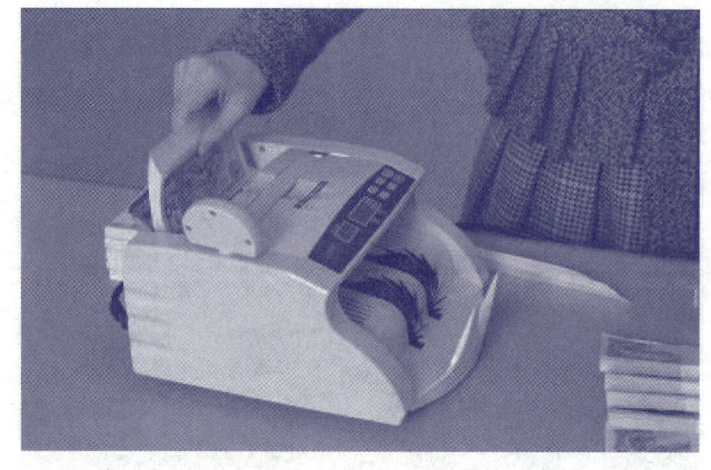

图 1-27　持票拆把放钞

二、点数

将钞券放入下钞斗，不要用力。钞券经下钞斗通过捻钞轮自然下滑至传送带，落至接钞台。下钞时，点钞员眼睛要注意传送带上的钞券面额，看钞券是否夹有其他票券、损伤券等，同时要观察数码显示情况。

拆下的腰条纸先放在桌子一边不要丢掉，以便查错用。点钞机点数见图 1-28。

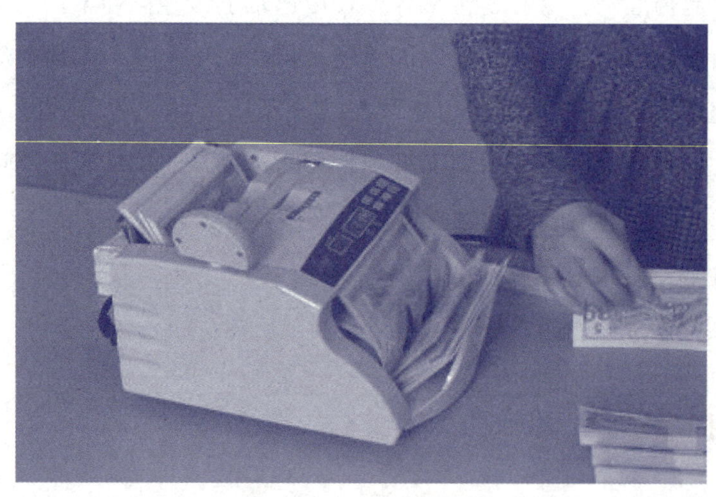

图 1-28　点钞机点数

三、计数

当下钞斗和传送带上的钞券下张完毕时，要查看数码显示是否为“00”或“100”。如显示的数字不为“00”或“100”，必须重新复点。在复点前应先将数码显示置“00”或“0”状态并保管好原把腰条纸。如经复点仍是原数，又无其他不正常因素时，说明该把钞券张数有误，即应将钞券连同原腰条纸一起用新的腰条纸扎好，并在新的腰条纸上写上差错张数，另做处理。点钞机计数见图 1－29。

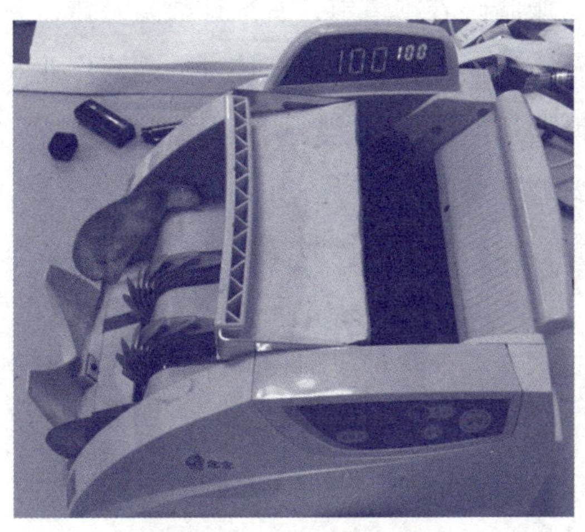

图 1－29 点钞机计数

四、扎把

一把点完，计数为 100 张，即可扎把。取钞时，左手拇指在钞券上面，手掌向上，将钞券从接钞台里拿出，把钞券墩齐进行扎把。

五、盖章

复点完全部钞券后，点钞员要逐把盖好名章。盖章时要做到先轻后重，整齐，清晰。

点钞机点钞的操作步骤总结如图 1－30 所示。

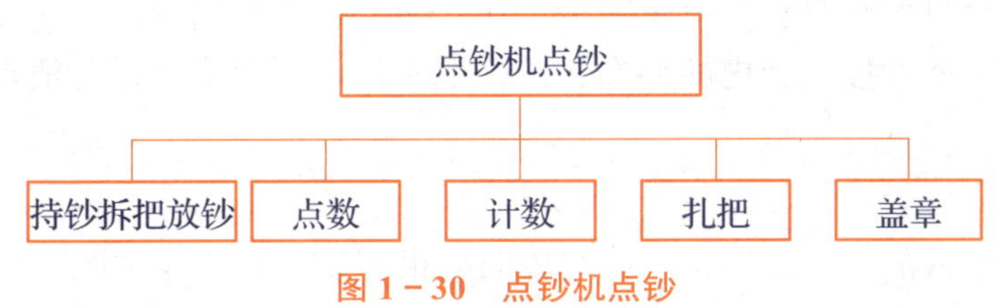

图 1－30 点钞机点钞

由于机器点钞速度快，因此要求两手动作要协调，各个环节要紧凑，拿钞、拆把、下钞、取钞、扎把等动作要连贯，当右手将一把钞券放入下钞斗后，马上拆开第二把，准备下钞，眼睛注意观察传送带上的钞券。当传送带上最后一张钞券落到接钞台后，左手迅速将钞券拿出，同时右手将第二把钞券放入下钞斗，然后对第一把钞券进行扎把。扎把时眼睛仍应注意观察传送带上的钞券。当左手将第一把钞券放在机器左侧的同时，右手从机器右侧拿起的第三把钞券做好下钞准备，左手顺势抹掉第一把的腰条纸后，左手迅速从接钞台上取出第二把钞券进行扎把。这样顺序操作，连续作业，才能提高工作质量和工作效率。机器点钞流程可归纳为以下口诀：一把投入拆二把，眼睛跟着跑道走；看准计数防差错，左手取票忌留张；券别把数要分清，右拿左放不混淆；各个环节衔接好，连续作业效率高。在连续操作的过程中，须注意以下问题：

（1）原把腰条纸要顺序更换，不得将前把与后把的腰条纸混淆，以分清责任。

（2）钞券进入接钞台后，左手取钞必须取净，然后右手再放入另一把钞券，以防止串把现象。

（3）如发现钞券把内有其他券种或损伤券及假币时，应及时挑出并补上完整券后才能扎把。

机器点钞连续操作，归纳起来要做到“五个二”：

二看——看清跑道票面，看准计数。

二清——券别、把数分清，接钞台取清。

二防——防留张，防机器吃钞。

二复——发现钞券有裂缝和夹带纸片要复，计数不准时要复。

二经常——经常检查机器底部，经常保养、维修点钞机。

知识补充

机器点钞容易发生的差错和防止方法总结如下。

（一）接钞台留张

左手到接钞台取钞时，有时会漏拿一张，造成上下把不符。

防止方法：取尽接钞台内的钞券，或采取不同的票面交叉进行清点。

（二）机器“吃钞”

引起机器吃钞的主要原因是：钞券较旧，很容易卷到机器“肚”内；出钞歪斜，容易引起输钞紊乱、挤轧或飞张。

防止方法：调整好面板和调节螺丝，使下钞流畅、整齐。输钞紊乱、挤轧时要重新清点一遍。

（三）多计数

造成多计数的原因主要有：机器在清点辅币、旧币时容易发生飞张造成多计数；

钞券开档破裂，或一把钞券内残留腰条纸、杂物等，也会造成多计数。

防止方法：可将钞券调头后再清点一遍，或将机器内杂物、腰条纸取出后再点一遍。

（四）计数不准

计数不准除了电路和钞券本身的问题外，光电管、小灯泡积灰，或电源、电压大幅度升降都会造成多计数或少计数。

防止方法：经常打扫光电管和小灯泡灰尘，荧光数码管突然计数不准，要立即停机，检查机器的线路或测试电压等。

活动练习

扫码请看

机器点钞法完整视频

根据机器点钞的操作要领进行计时训练，训练时既要注意领会和掌握每个环节的要领，又要注意各环节的连贯；既要保证准确率，又要尽可能加快速度。

活动二　手工整点硬币

活动目标

掌握手工整点硬币的操作要领，学会手工整点硬币。

操作步骤

手工整点硬币一般分为拆卷、清点、计数、包装、盖章五个环节。

一、拆卷

新包装纸平放在桌子上，以双手的无名指顶住硬币卷两端，拇指与食指、中指捏住硬币的两侧将硬币卷向下振动，同时双手将硬币卷左右扭动，使包装纸裂开。左手食指平压硬币，右手抽出已裂开的包装纸。

二、清点

清点时，用右手拇指和食指将硬币从右向左分组清点，或用左手拇指和食指从左向右分组清点。

三、计数

采用分组计数法，一次为一组。如：一次清点 10 枚，10 组即为 100 枚。

四、包装

将 50 或 100 枚硬币包成一卷。包装时，双手的无名指分别顶住硬币的两端，拇指、食指、中指捏住硬币的两侧，将硬币横放在包装纸上；将包装纸里侧向上折起卷住硬币，用掌心用力向外推卷，随后用双手的拇指、食指和无名指分别把两头包装纸向中间方向折压紧贴硬币，使包装纸与硬币贴紧。包装的硬币要求紧，不能松，两端不能露出硬币。硬币包装图示见图 1－31。

图 1－31　硬币包装

五、盖章

硬币包装完毕后，横放或竖放在桌面上，一手拿名章，一手滚动硬币卷，使名章盖在硬币卷上。

手工整点硬币的操作步骤总结如图 1－32 所示。

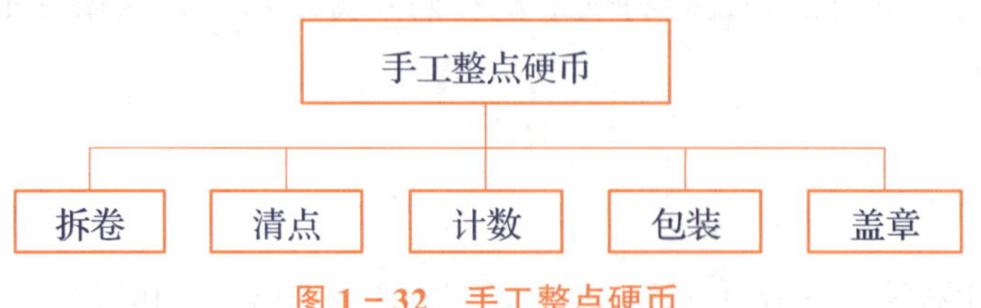

图 1－32　手工整点硬币

知识补充

硬币的整点基本方法有两种：一是手工整点，二是工具整点。手工整点硬币一般用于收款时收点硬币尾零款；大批硬币整点需用工具来整点。

活动练习

根据手工整点硬币的操作要领进行训练，掌握拆卷、清点、计数、包装、盖章全过程。

活动三　工具整点硬币

活动目标

掌握工具整点硬币的操作要领，学会工具整点硬币。

操作步骤

硬币整点器整点硬币一般分为拆卷、清点、计数、包装、盖章五个环节。其操作要领如下。

一、拆卷

在硬币整点器的右端安装一个刀刃向上的小刀片，拆卷时双手的拇指、食指、中指捏住硬币的两端，从左端向右端从刀刃上划过，包装纸被划开一道口子，将硬币放进整点器槽内，随后将划开的包装纸取出准备清点。

二、清点

硬币落入整点器内后，两手的食指和中指放在整点器两端，将整点器夹住，再用右手食指将硬币顶向左端。然后两手拇指放在整点器两边的推钮上用力推动推钮。通过动槽的移动，硬币等量交错。眼睛从左端看到右端，检查每槽是否五枚，重点检查右边最后一个槽。准确无误后，两手松开，硬币自动回到原位。如有氧化变形或伪币应及时剔出，并如数补充后准备包装。

三、包装

两手的中指顶住硬币两端，拇指在卷里边，食指在卷外边将硬币的两端捏住。两手向中间稍用力，从整点器内将硬币提出放在准备好的包装纸中间。其余包装方法与手工整点硬币包装方法相同。

知识补充

工具整点硬币主要借助于硬币整点器。这种硬币整点器内有根据壹元、伍角、壹角、伍分、贰分、壹分六种硬币的直径设计的六种相应的弧形槽式分币板，又根据流通中各种硬币的平均厚度，固定了一百枚或五十枚硬币总长度，每次可清点一百枚或五十枚硬币。它由两部分组成，一部分是定槽，另一部分是动槽，动槽可以前后移动，动槽和定槽相间均等排列，每一个槽相当于五枚硬币的厚度。当清点员按动动槽时，硬币便以五枚一组被分开，便于点数。这种工具使用简便，携带亦方便，效率又高，是商业银行清点硬币不可缺少的工具。

活动练习

根据工具整点硬币的操作要领进行训练，掌握拆卷、清点、计数、包装、盖章全过程。

活动四　手工捆扎钞券

活动目标

熟练掌握手工捆扎钞券的操作要领，学会手工捆扎钞券。

操作步骤

手工捆钞时，将十把钞券墩齐叠放，面上垫上衬纸，并将票面的四分之一伸出桌面。左手按住钞券，右手将绳子一端从右往下绕一圈与绳子的另一端合并，将钞券自右向左转两圈，形成一个麻花扣。这时钞券横放在桌上，已束好的一头在右边，再将横放的钞券的四分之一伸出桌面，左手按住绳子的一头，右手将绳子从右向钞券底下绕一圈，绕至钞券上面左端约四分之一处拧一个麻花扣，然后将钞券翻个面再拧一个麻花扣，最后左手食指按住麻花扣以防松散，右手捏住绳子的另一头，从横线穿过结上活结。捆好后在衬纸上贴上封签，加盖日期戳和点钞员、捆钞员名章。手工捆扎钞券图示见图 1－33。

知识补充

捆钞是点钞的一个有机组成部分。钞券整点完毕全部扎把盖章后，还需捆扎。捆扎时把钞券按一定的方向排列，按双十字每十把捆扎成一捆。捆钞有手工捆钞和机器捆钞两种。

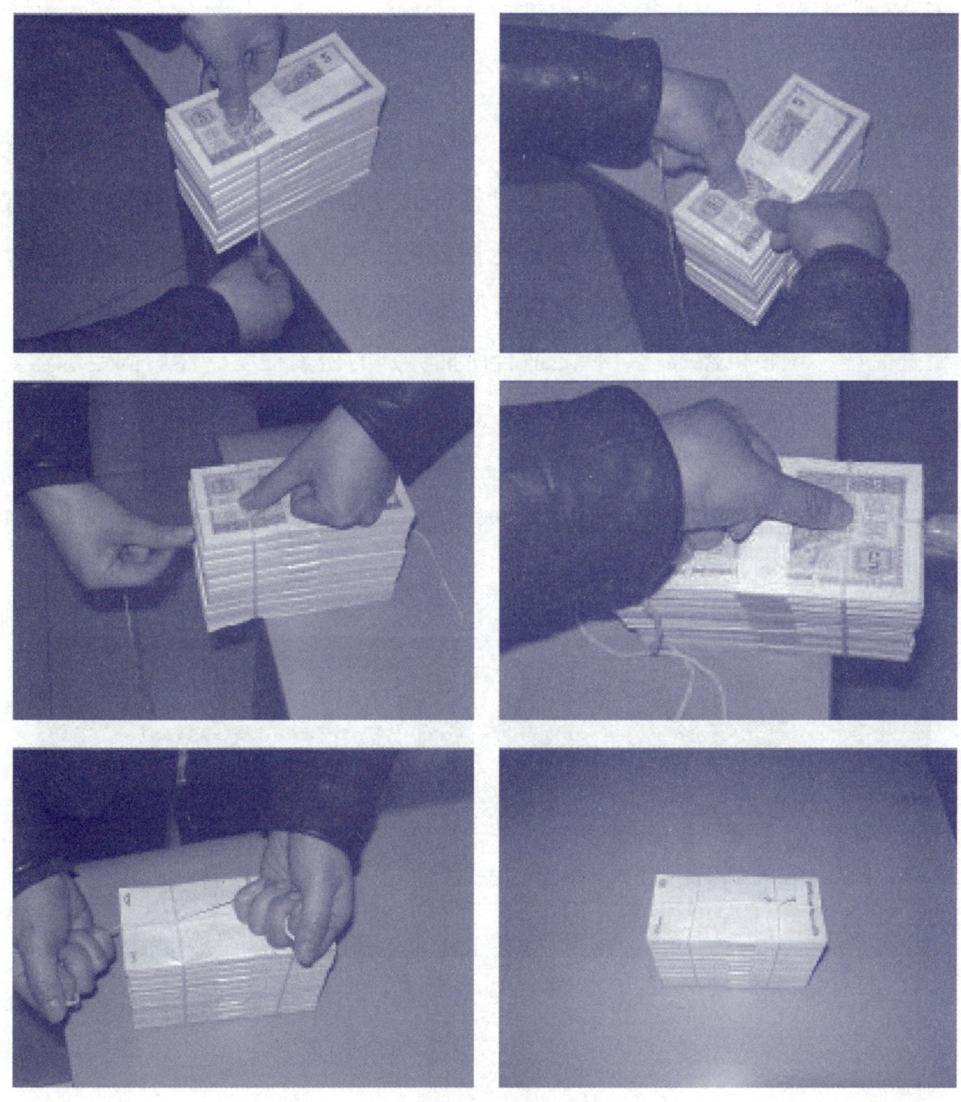

图 1－33　手工捆扎钞券

活动练习

根据手工捆扎钞券的操作要领进行训练，学会手工捆扎钞券。

活动五　机器捆扎钞券

活动目标

掌握机器捆扎钞券的操作要领，学会机器捆扎钞券。

操作步骤

一、做好捆钞前的准备工作

使用捆钞机前，首先要仔细检查捆钞机各部位是否正常。手动捆钞机要检查手柄、齿轮上下运动是否自如；电动和液压捆钞机在捆钞前要打开开关各转一次，检查马达和液压装置是否正常，液压管道有无漏油现象。

检查完毕，调整机器螺丝，使之适合所捆券别的松紧程度，然后固定螺丝。

二、放绳

将线绳拧成麻花扣，双十字放置在捆钞机底面平台的凹槽内。绳的两头留的长度要相等。放绳的图示见图 1－34。

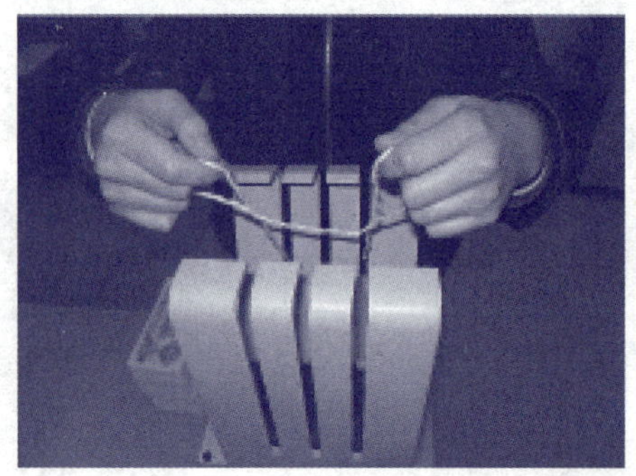

图 1－34　放绳

三、放钞

用两手各取五把钞券并在一起墩齐。然后将十把钞券叠起，票面向上，放在捆钞机的平台上，再放好垫纸。放钞的图示见图 1－35。

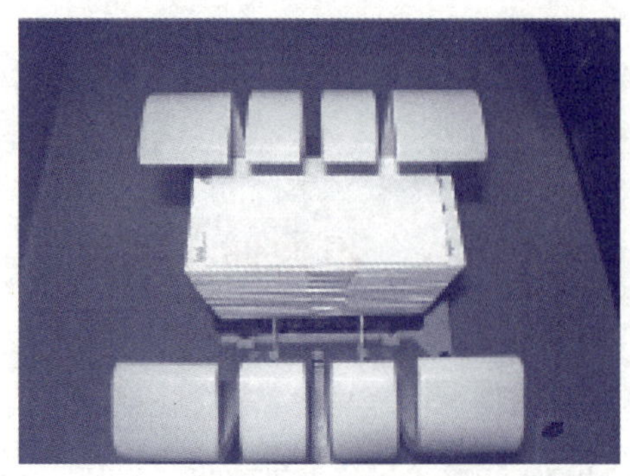

图 1－35　放钞

四、压钞

合上活动夹扳，右手扳下压力扶手，反复操作，使钞券压至已调整好的松紧度。如为电动捆钞机则按下“紧”开关。压钞的图示见图 1－36。

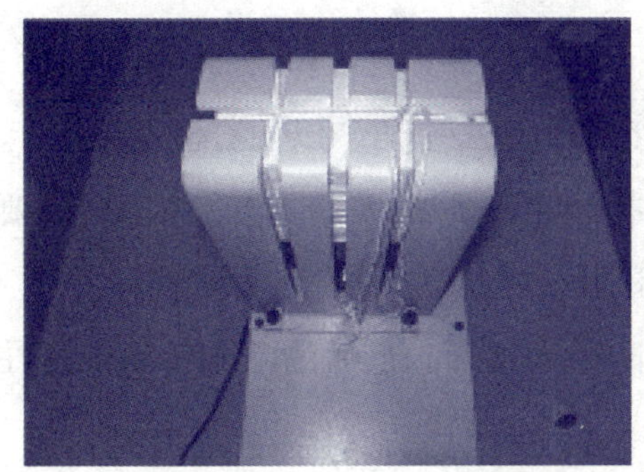
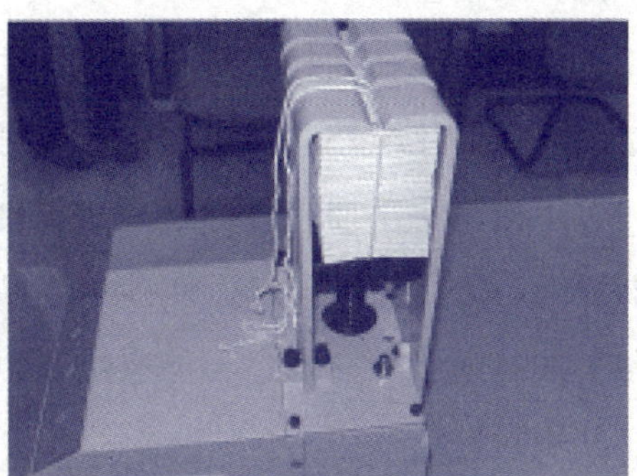

图 1－36　压钞

五、系绳

两手分别捏住绳子的两头，从上端绳套穿过，然后双手各自拉紧，从两侧把绳子绕到钞券的正面，使绳子的两头合拢拧麻花扣。然后用左手按住交叉点，右手捏住绳子的一头钞券上面竖线穿过结上活扣，贴上封签，加盖点钞员、捆钞员名章和日期戳。系绳的图示见图 1－37。

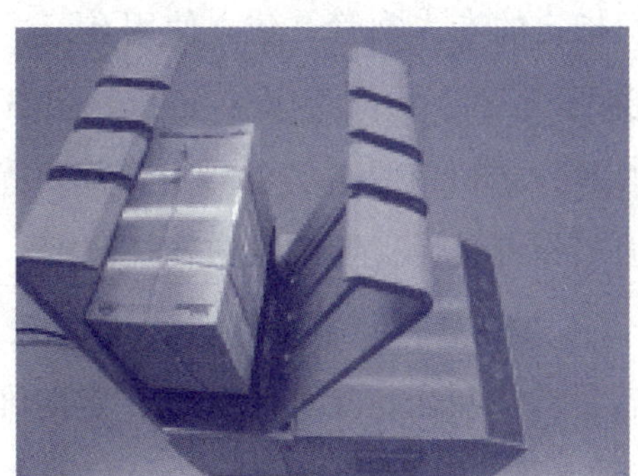

图 1－37　系绳

机器捆扎钞券的操作步骤总结如图 1－38 所示。

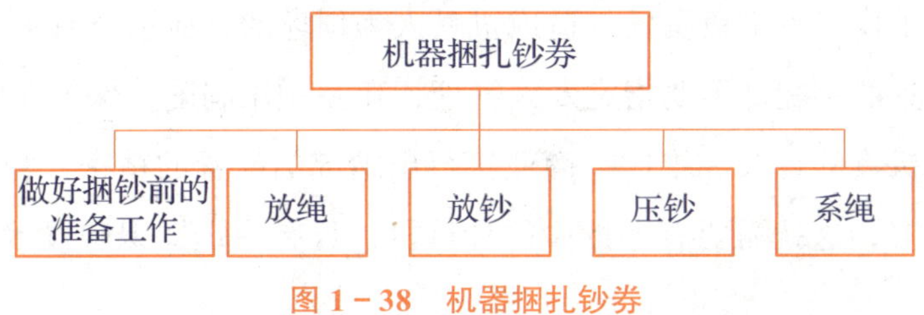

图 1－38　机器捆扎钞券

知识补充

捆扎钞券要遵循以下有关规定：

（1）捆钞时要严格按照操作程序进行，必须每只手各取五把，以防成捆钞券多把或少把，发生差错。

（2）整捆钞券在捆扎时要垫衬纸，用于粘贴封签。衬纸垫在钞券上与其一并捆扎，封签贴在捆扎绳外。要注意衬纸与封签都须切去一角，以便看清票面。

（3）不论是手工捆扎钞券还是机器捆扎钞券，都要以“捆紧”为标准。要通过拉紧捆钞绳，进行交叉固定，使钞券不易松开。

（4）捆扎绳必须完好，不能有结，以防被人解开。最后的活扣结只能打在衬纸表面，并用封签纸粘住。

（5）钞券捆扎完毕，要在封签上加盖日期戳以及点钞员、捆钞员名章，以明确职责，便于查找差错。

出纳专用机具的保养：

出纳专用机具包括出纳点钞机、捆钞机、出纳收付款机、货币鉴别仪器、保险柜、库房设备及运钞设备等。出纳的各类机具是出纳人员完成工作任务的重要工具，出纳人员对自己使用的机具要做到熟悉性能、了解运转情况，要爱护自己的机具，精心保养，保证机件完好。

各类出纳机具均应由指定的专人掌管，建立使用登记、保管记录。

（1）机具的使用要实行“三定”，即定人、定机、定责任。定人就是确定谁管理机具，谁负责保养、修理；定机就是各类各号机具都要固定人使用，建立机器管理档案；定责任就是加强工作责任性，明确规定责任范围。

（2）建立检查制度。各类机具摆放要定位，严禁无关人员乱动机器。使用前要检查运转情况，使用后要清除灰尘，要经常加油，定期维修。下班后必须关好开关，切断电源，确保安全。

（3）建立一机一卡。每台机具都要建立保养维修卡，若发现问题，应及时修理，并进行登记。同时对发至个人使用的工具等都要登记保管。

（4）由于工作严重不负责任，造成机具人为损坏的，应追究有关人员责任。

（5）对机具的零配件等要指定专人管理，建立领用制度，保证账实一致。

随着先进机具的普及和推广，商业银行出纳部门配置的精密、智能和高自动化的机具越来越多，这就需要有一批懂得计算机，具有一定知识和技术，会操作、懂维修、能管理的专业人才充实到出纳部门来，只有这样才能使出纳人员跟上商业银行现代化发展的步伐。

活动练习

根据机器捆扎钞券的操作要领进行训练，学会机器捆扎钞券。

项目小结

通过机具点钞技术和钞券捆扎技术的学习和实训，学习者能够掌握机器点钞、手工整点硬币、工具整点硬币、手工捆扎钞券和机器捆扎钞券的操作步骤和操作技巧。

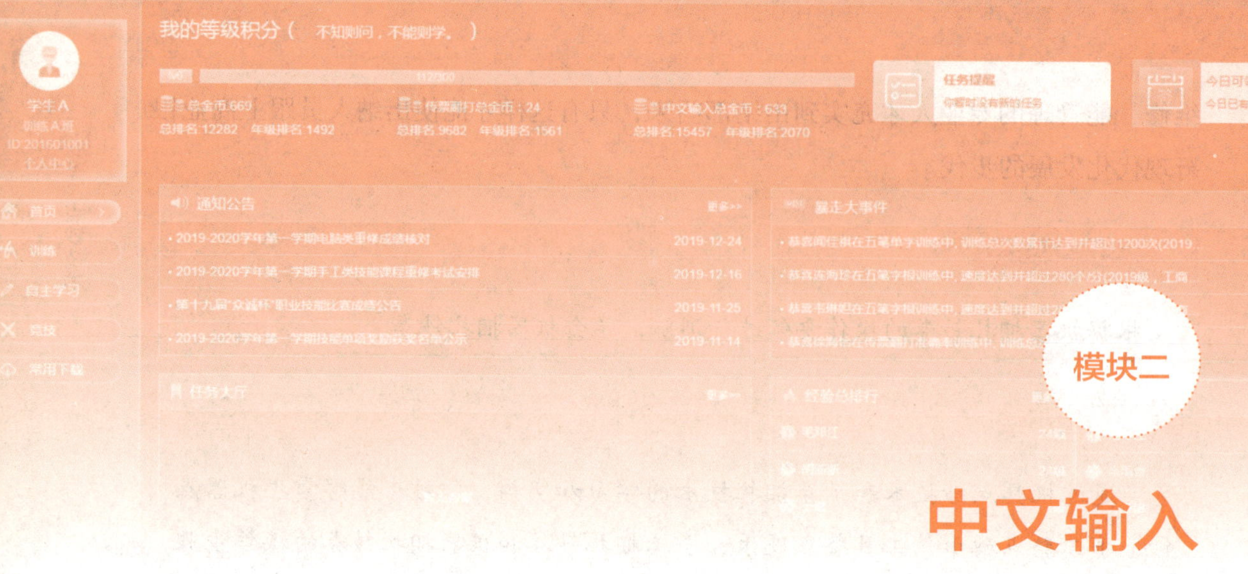

模块二

中文输入

知识目标

1. 掌握五笔字型输入法中表内字（键面字）、表外字（复合字）、简码字、词组的输入规则。

2. 熟悉银行职业技能学习与训练系统和银行职业技能考核系统中五笔汉字输入的操作流程。

能力目标

1. 能够熟练运用五笔字型输入法，进行表内字（键面字）、表外字（复合字）、简码字、词组以及文章输入。

2. 能够熟练运用银行职业技能学习与训练系统和银行职业技能考核系统进行练习与考核。

思政案例

石子祥是浙江金融职业学院农金 151 班的学生，2017 年进入银行订单班农合 152 班学习，在校期间文章输入成绩为 1 807 字 /10 分钟，单字输入成绩为 1 526 字 /10 分钟。

石子祥刚开始接触五笔字型输入法时觉得晦涩难懂，从背五笔字型字根表到真正学会拆字，他充分利用碎片化的时间进行练习，积累训练量。为了进一步提高打字速度，他加入 QQ 跟打群，并用跟打器练习打字，每天给自己设定一个更高的目标，每次练习后都要对回改字数、错误字数、撤销次数、重打次数、重打字数、平均码长等要素进行分析和反思，经常和 QQ 跟打群的打字高手们交流练习技巧和经验教训。在学校技能尖子培养工程的实施过程中，石子祥顺利进入技能尖子培养系统。通过课外训练、技能尖子辅导、以考促练、以赛促练等多种方式相结合的模式进行培养，他五笔字型输入法的速度突飞猛进，在校内取得一项又一项荣誉，并代表学校参加 2017 年浙江省高职技能大赛“银行业务综合技能竞赛”和 2017 年全国职业院校“高职组银行业务综合技能比赛”，均荣获一等奖，凭借优异的技能成绩顺利进入银行订单班。

2018 年 6 月毕业后，石子祥多次代表单位参加行业技能比赛，荣获 2018 年金华市农信系统第十届业务技能比赛电脑汉字输入第二名和新人奖第二名、2019 年金华市农信系统第十一届业务技能比赛电脑汉字输入第一名和新人奖第一名，并打破浙江省农信系统电脑汉字输入比赛纪录和金华市农信系统电脑汉字输入比赛纪录。石子祥说：“技能不仅仅是我寻找工作岗位的敲门砖，也让我在年度评先评优和岗位人才的评选上脱颖而出，尤其是技能训练让我养成了坚持不放弃的良好习惯，能够从容面对面任何工作岗位。”

思政目标

通过“中文输入”的课程教学与实训，充分挖掘课程中所蕴含的思政元素。教师不仅要教会学生运用五笔字型输入法输入汉字的方法，更要提升学生的思想素质和心理品质，激发学生学习和训练五笔字型输入法的主动性，培育学生形成积极的学习态度、正确的职业观和掌握必备的职业技能，让学生在技能学习、训练和提升的过程中，锤炼和塑造执着专注的优秀品格和精益求精的工匠态度。

基础知识

扫码请看

五笔字型输入法是怎么回事

中文输入法的编码种类繁多，归纳起来可分为拼音编码、形码、音形结合码三大类。汉字是一种意形结合的象形文字，形体复杂，笔画繁多，它最基本的成分是笔画，由基本笔画构成字根，再由字根组成有形有意的汉字。针对汉字意形结合的特征，本书基于五笔字型输入法的内容进行展开。

五笔字型输入法是王永民在 1983 年 8 月发明的一种汉字输入法，完全依据笔画和字形特征对汉字进行编码，是典型的形码输入法。因为发明人姓王，所以称为王码五笔输入法。王码五笔输入法先后推出过三个版本：第一代的 86 版、第二代的98版和第三代的新世纪版。极品五笔、万能五笔、智能五笔、搜狗五笔等输入方法，大部分采用86版五笔编码，编码规则与王码五笔输入法相同。

一、五笔字型输入法的特点

（一）不受读音限制

五笔字型输入法根据字形结构而设计，既不受陌生字的困扰，也不受读音不标准的限制。

（二）字码简单

无论一个字多么复杂，无论一个字由多少字根组成，最多用四个键码输入。

（三）重码率低

基本上是一码一字，特别适合于盲打。

（四）词组输入

该输入法配有大量常用词组，也是用四个键码输入，有利于提高输入速度。

二、五笔字型输入法的五种笔画

从书写形态上看，汉字的笔画有：点、横、竖、撇、捺、挑（提）、钩、（左右）折八种。在五笔字型输入法中，需要把汉字的笔画归纳为横、竖、撇、捺、折五种。根据运笔方向一致的特点，把“挑（提）”归类到“横”里，把“竖钩”归类到“竖”里，把“点”归类到“捺”里，其他带转折的笔画都归类到“折”里。

三、笔画的书写顺序

笔画在五笔字型输入法中十分重要，我们要特别注意汉字书写的先后顺序。一般来说，在书写汉字时，要按照以下顺序来书写：先左后右，先上后下，先横后竖，先撇后捺，先外后内，先中间后两边，等等。

四、五笔字根及排列

扫码请看

五笔字根的排列及单笔画的输入方法

扫码请看

五笔字根分布规律

字根是构成汉字的基本单元，可以是一个汉字，也可以是汉字的偏旁部首或部首的一部分，甚至是笔画，例如：日、月、山、扌、亻、氵、丿、、、丨等。字根和字根相互组合，就组成了更多的汉字，例如：明、林、好、叫、他、能等。王码五笔字型输入法的版本有三种，本书讲解的五笔字型输入法基于86版。

在五笔字型输入法中，选取了组字能力强、出现次数多的200个左右的部件作为基本字根，这些字根按照一定的规律分布在键盘上。

（1）字根分布：基本字根按照起笔笔画分成五个区，每个区有五个字母。一个字母占一个位置，简称“位”。每个区有五个位，按一定顺序编号，就叫区位号。区位号顺序都是从键盘中间开始，向外扩展进行编号。

以横起笔的为第一区，从字母G到A。G为1区第1位，它的区位号就是11；F为1区第2位，区位号就是12；依次类推。

以竖起笔的为第二区，从字母H到L，再加上M。H为2区第1位，它的区位号就是21；J为2区第2位，区位号就是22；依次类推。

以撇起笔的为第三区，从字母T到Q。T为3区第1位，它的区位号就是31；R为3区第2位，区位号就是32；依次类推。

以捺（点）起笔的为第四区，从字母Y到P。Y为4区第1位，它的区位号就是41；U为4区第2位，区位号就是42；依次类推。

以折起笔的为第五区，从字母N到X。N为5区第1位，它的区位号就是51；B为5区第2位，区位号就是52；依次类推。

（2）在同一个键位上的几个字根中，选择一个具有代表性的字根作为键的名字，称为“键名汉字”，它位于每个键位的左上角。王码86版五笔字型字根表如图2－1所示。

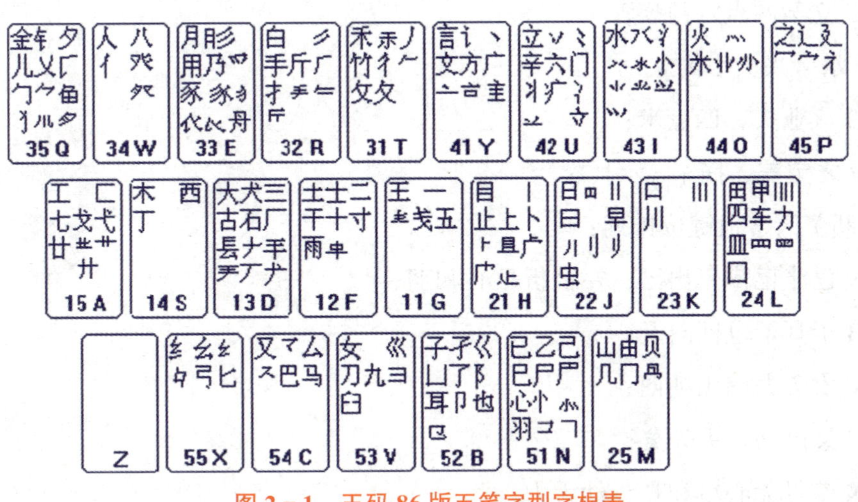

图2－1 王码86版五笔字型字根表

为了便于记忆基本字根在键盘上的位置，设计者编写了字根助记词。

1（横）区字根键位排列：

11G 王旁青头戋（兼）五一；

12F 土士二干十寸雨；

13D 大犬三羊古石厂；

14S 木丁西；

15A 工戈草头右框七。

2（竖）区字根键位排列：

21H 目具上止卜虎皮；

22J 日早两竖与虫依；

23K 口与川，字根稀；

24L 田甲方框四车力；

25M 山由贝，下框几。

3（撇）区字根键位排列：

31T 禾竹一撇双人立，反文条头共三一；

32R 白手看头三二斤；

33E 月彡（衫）乃用家衣底；

34W 人和八，三四里；

35Q 金勺缺点无尾鱼，犬旁留乂儿一点夕，氏无七（妻）。

4（捺）区字根排列：

41Y 言文方广在四一，高头一捺谁人去；

42U 立辛两点六门疒；

43I 水旁兴头小倒立；

44O 火业头，四点米；

45P 之宝盖，摘礻（示）(衤)。

5（折）区字根键位排列：

51N 已半巳满不出己，左框折尸心和羽；

52B 子耳了也框向上；

53V 女刀九臼山朝西；

54C 又巴马，丢矢矣；

55X 慈母无心弓和匕，幼无力。

（3）单笔画字根“一、丨、丿、丶、乙”等基本笔画和它们的复合笔画形成的字根，笔画数量与位号一致，如图 2－2 所示。

1 区	2 区	3 区	4 区	5 区	
横	竖	撇	捺	折	← 在每区第 1 位
一	丨	丿	丶	乙	← 在每区第 2 位
二	刂	彡	冫	巛	← 在每区第 3 位
三	川	彡	氵	巛	← 在每区第 4 位
	川		灬		

图 2－2　笔画与位号对应图

（4）结构相似的字根位于同一键位。如：巳、已、己，都位于 N 键上；子、孑、了、阝都位于 B 键上；等等。

（5）含义相近的字根位于同一键位。如：“亻”和“人”都位于“W”键上；“忄”和“心”都位于“N”键上；“扌”和“手”都位于“R”键上；等等。

五、字根的结构关系

汉字是由一个或一个以上的字根组合而成，字根与字根之间形成了单、散、连、交四种结构关系。

（一）单

字根本身就是一个汉字，不与其他字根发生联系。例如：“口、山、言、虫、寸、米、夕”等。

（二）散

构成汉字的字根不止一个，字根间保持一定的距离，不相连也不相交。它包括左右型、上下型、内外型（全包围、半包围）结构的汉字，例如：“汉”“字”“笔”“型”“句”“疗”等。

（三）连

字根间的相连关系并非通俗的连接之意，它有以下两种情况：

（1）一个单笔画与一个字根相连的汉字，视作相连。例如：“自”“尺”“千”“且”“夭”“下”等。

1）单笔画与字根间有明显距离的，不做相连区分。例如：“个”“少”“么”“旦”等。

2）字根之间虽然相连，由于非单笔画字根，也不作相连区别。例如：“足”“充”“首”“左”“页”等。

（2）带点结构的汉字，视作相连。例如：“勺”“术”“太”“义”“玉”等。

（四）交

两个或两个以上字根相互交叉套叠构成的汉字。例如：“农”“里”“必”“申”“果”“专”等。

六、汉字的字型信息

在五笔字型输入法中，汉字是一种平面图形文字，同样几个字根，摆放位置不同，就可以成为不同的字。例如：“叭”与“只”，“吧”与“邑”，可见字根的位置关系也是汉字的一种重要信息。根据构成汉字的字根之间的位置关系，可以把汉字分为3种类型：左右型、上下型和杂合型，分别用代号1、2、3表示，如图2－3所示。

字型代号	字型	图示	字例
1	左右型		林、鸿、结、到
2	上下型		字、宫、花、整
3	杂合型		因、凶、术、太、幽、果

图2－3　字型信息

（一）左右型

左右型包括两种情况，一种是双合字，一个字可以明显地分成左右两个部分，例如：“肚”“胡”“理”“拍”等；还有一种是多合字，由多个部分组成，这多个部分可以由左向右排列，例如：“侧”“浙”“搬”“鸿”等，或者分成左右两部分，而其中的一侧又可以分为上下两部分，例如：“别”“抢”“鄂”“操”等。

（二）上下型

上下型包括两种情况，一种是双合字，一个字可以明显地分成上下两个部分，例如："节""旦""肖""足"等；还有一种是多合字，由多个部分组成，这多个部分可以由上到下排列，例如："意""宫""常""崇"等，或者分为上下两层，而其中的一层又可以分为左右两部分，例如："想""范""窍""藐"等。

（三）杂合型

不是左右型和上下型的汉字视为杂合型，包含"单、连、交"三种字根结构关系的汉字以及"散"中的内外型（全包围、半包围）结构的汉字。

单：例如："五""止""手""辛""耳"等字。

连：例如："正""生""久""勺""于"等字。

交：例如："甩""丰""缶""半""专"等字。

散：内外型（全包围、半包围）结构的汉字，例如："团""疗""床""仄""习""匡""句""眉""屎""迥"等字。

五笔字型输入法的基础知识的总结如图 2－4 所示。

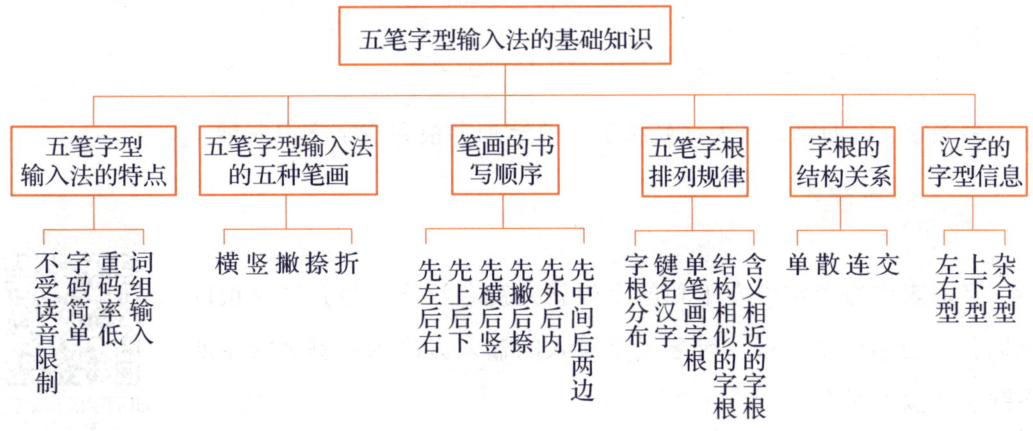

图 2－4　五笔字型输入法的基础知识

项目一

五笔字型汉字输入

根据五笔字型输入法的规则，可以把汉字分成两大类。字根表里的字，是用来组成字根表以外的汉字，称为“表内字”或“键面字”；字根表以外的汉字由字根组合而成，称为“表外字”或“复合字”。五笔字型汉字输入主要包括表内字（键面字）输入、表外字（复合字）输入和词组输入。

活动一　表内字（键面字）输入

活动目标

能运用五笔字型输入法输入表内字（键面字）。

基础知识

表内字（键面字）分为键名汉字、单笔画字根和成字字根三种。

一、键名汉字输入

扫码请看

键面字根（汉字）及输入方法

字根表中每个键位左上角的字根就是键名汉字，也是“字根助记词”中的第一个字根。键名汉字输入的输入方法为：键名汉字所在键连续输入四次。

例如：王（GGGG）、目（HHHH）、禾（TTTT）、已（NNNN）等。

为便于记忆，设计者编写了一首“键名谱”：

（1）（横）区：王、土、大、木、工；

（2）（竖）区：目、日、口、田、山；

（3）（撇）区：禾、白、月、人、金；

（4）（捺）区：言、立、水、火、之；

（5）（折）区：已、子、女、又、纟。

二、单笔画字根输入

在每个区的第一键上都有一个单笔画字根，分别是：“一”“丨”“丿”“丶”

“乙”。单笔画字根的输入方法为：输入单笔画字根所在键二次，再输入二次 L 键。“一”“丨”“丿”“丶”“乙”的五笔字型输入编码分别为：GGLL、HHLL、TTLL、YYLL、NNLL。

三、成字字根输入

字根表中除键名汉字和单笔画字根以外的字根就是成字字根。成字字根的输入方法是：先输入成字字根所在键一次，再根据“字根拆成单笔画”的原则，依次输入该字根的第一笔画、第二笔画以及末笔笔画的编码。成字字根笔画总数不足四键时，输入空格键补足。

扫码请看

成字字根的输入

例如：“西”第一键为“西”字根所在的字母键 S，二键为第一笔画“一”G 键，第三键为第二笔画“丨”H 键，第四键为末笔“一”G 键，所以“西”的编码是 SGHG。

成字字根输入如图 2－5 所示。

成字字根	字根所在键	第一笔画	第二笔画	末笔笔画
广	广（Y）	丶（Y）	一（G）	丿（T）
灬	灬（O）	丶（Y）	丶（Y）	丶（Y）
彳	彳（T）	丿（T）	丿（T）	丨（H）
川	川（K）	丿（T）	丨（H）	丨（H）

图 2－5　成字字根输入

成字字根输入的特殊规定：

（1）“力”“九”“匕”等字根在输入时，一律规定以笔画稍长的“折”作为末笔笔画，如图 2－6 所示。

成字字根	字根所在键	第一笔画	第二笔画
力	力（L）	丿（T）	乙（N）
九	九（V）	丿（T）	乙（N）
匕	匕（X）	丿（T）	乙（N）

图 2－6　成字字根输入特殊规定 1

（2）"戋""戈"等字根在输入时，一律规定以笔画稍长的"撇"为末笔笔画，如图 2-7 所示。

成字字根	字根所在键	第一笔画	第二笔画	末笔笔画
戋	戋（G）	一（G）	一（G）	丿（T）
戈	戈（A）	一（G）	乙（N）	丿（T）

图 2-7　成字字根输入特殊规定 2

表内字（键面字）输入总结如图 2-8 所示。

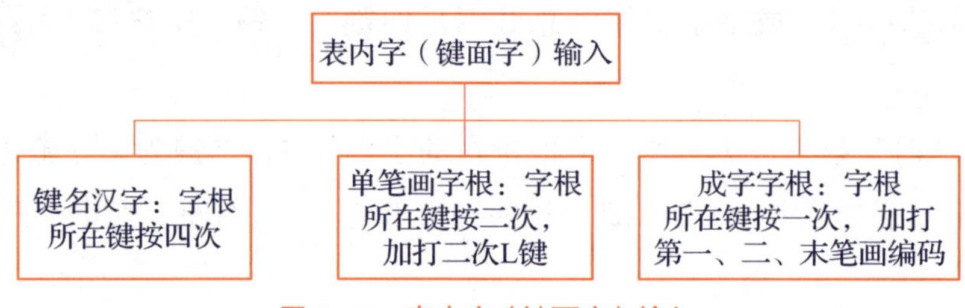

图 2-8　表内字（键面字）输入

活动练习

对键名汉字、单笔画字根和成字字根进行有针对性的练习。

活动二　表外字（复合字）输入

活动目标

能运用五笔字型输入法输入表外字（复合字）。

基础知识

表外字（复合字）都必须拆分成基本字根的一维数列，再依次输入计算机。例如："新"字要拆分成"立、木、斤"；"灭"字要拆分成"一、火"；"未"字拆分成"二、小"等。拆分要遵循一定的规则，才能最大限度地保持其唯一性。

一、表外字（复合字）的拆分规则

扫码请看

复合字拆分的基本规则

扫码请看

拆分原则

（一）书写顺序

拆分表外字（复合字）时，一定要按照正确的书写顺序进行拆分。按照从左到右、从上到下、从外到内的书写顺序进行取码。例如：

新：立、木、斤（正确，符合规范书写顺序）

立、斤、木（错误，未按规范书写顺序）

夷：一、弓、人（正确，符合规范书写顺序）

大、弓（错误，未按规范书写顺序）

（二）取大优先

按书写顺序拆分汉字时，拆出来的字根要尽可能大（即“尽可能笔画多”的字根），应当以“再增加一个笔画便不能构成字根”为限度，或者说拆分出的字根数量要尽量少。例如：

世：廿、乙（正确，二个字根）

一、凵、乙（错误，三个字根）

亲：立、木（正确，二个字根）

立、一、小（错误，三个字根）

（三）兼顾直观

在拆分汉字时，要保持字根的完整性。为了使字根的特征明显易辨，有时要牺牲书写顺序和取大优先的原则。例如：

自：丿、目（正确，直观）

白、一（错误，不直观）

回：囗、口（正确，直观）

冂、口、一（错误，不直观）

（四）能散不连

当遇到既能“散”，又能“连”的情况时，只要不是单笔画，一律按“能散不连”的规则进行输入。例如：

占：卜、口，两个字根都不是单笔画字根，视作上下关系，字根关系按“散”处理。

非：三、刂、三，三个字根都不是单笔画字根，视作左右关系，字根关系按“散”处理。

这样的字还有“足”“充”“首”“左”“布”“页”“美”“易”“麦”等。

（五）能连不交

当一个字既可拆分成“相连”的几个部分，也可拆分成“相交”的几个部分时，一律按“能连不交”的规则进行输入。例如：

于：一、十（正确，相连）

二、丨（错误，相交）

开：一、廾（正确，相连）

二、刂（错误，相交）

注意：

在拆分字根时，不能把笔画截断分割在两个字根中。

二、表外字（复合字）的取码规则

（一）四根以上（含四根）的汉字取码规则

扫码请看

有四个及以上字根的复合字输入方法

按照书写顺序取其一、二、三、末字根的编码依次输入。例如：

到：四个字根依次为一、厶、土、刂，编码为 GCFJ；

规：四个字根依次为二、人、冂、儿，编码为 FWMQ；

酸：四个字根依次为西、一、厶、夂，编码为 SGCT；

编：四个字根依次为纟、丶、尸、艹，编码为 XYNA。

（二）不足四根的汉字取码规则及末笔识别码

扫码请看

末笔字型交叉识别码

例如：“汀”字拆成“氵、丁”，编码为 IS；“沐”字拆成“氵、木”，编码也为 IS；“洒”字拆成“氵、西”，编码也为 IS，这样输入，计算机无法区分它们。

例如：“吧”字拆成“口、巴”，编码为 KC；“邑”字拆成“口、巴”，编码也为 KC，这样输入，计算机也无法区分它们。

有些汉字由于编码少，信息量不足，会造成重码。为了进一步区分这些字，五笔字型输入法中引入了末笔字型识别码，它是由汉字的末笔笔画编码和字型信息编码共同构成的。末笔字型识别码的使用方法：先根据汉字的最后一个笔画（横、竖、撇、捺、折）确定识别码所在的区（第 1 区、第 2 区、第 3 区、第 4 区、第 5 区），再根据汉字的字型（左右型、上下型、杂合型）确定识别码所在的位（第 1 位、第 2 位、第 3 位）。末笔笔画有 5 种，字型有 3 种，由它们构成的末笔字型识别码有 15 种，如图 2－9 所示。

末笔笔画	左右型 1	上下型 2	杂合型 3
横 1	11G	12F	13D
竖 2	21H	22J	23K
撇 3	31T	32R	33E
捺 4	41Y	42U	43I
折 5	51N	52B	53V

图 2－9　末笔字型识别码

从表中可见，“沐”“汀”“洒”的末笔字型识别码分别为“Y”“H”“G”，“吧”“邑”的末笔字型识别码分别为“N”“B”。

“末笔字型识别码”的特殊规定：

（1）凡是以“力”“刀”“九”“匕”等字根结尾的汉字，一律以笔画稍长的“折”作为末笔笔画。例如：

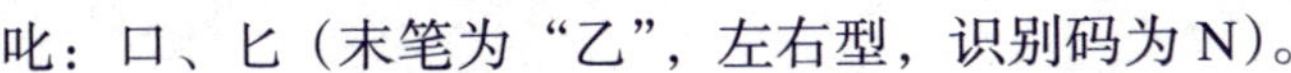

叱：口、匕（末笔为“乙”，左右型，识别码为 N）。

艽：艹、九（末笔为“乙”，上下型，识别码为 B）。

（2）凡是包围型或半包围型的汉字，视被包围部分的“末笔”作为末笔笔画。例如：

连：车、辶（末笔为“丨”，杂合型，识别码为 K）。

囚：囗、人（末笔为“丶”，杂合型，识别码为 I）。

（3）凡是以“戋”“戈”等字根结尾的汉字，一律规定以笔画稍长的“撇”作为末笔笔画。例如：

伐：亻、戈（末笔为丿，左右型，识别码为 T）。

笺：竹、戋（末笔为丿，上下型，识别码为 R）。

表外字（复合字）输入总结如图 2－10 所示。

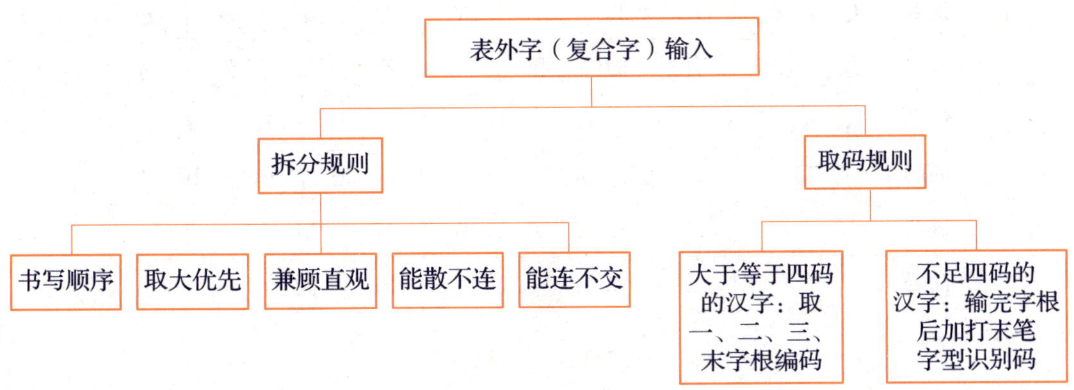

图 2－10　表外字（复合字）输入

对于初学者来说，容易把表内字（键面字）与表外字（复合字）混淆，从而导致输入错误。因此，我们在输入汉字时必须先对汉字进行分类，再按相应的规则进行输入。

活动练习

对表外字（复合汉字）进行有针对性的练习。

活动三　提高五笔字型输入速度的方法

活动目标

能运用五笔字型输入法输入单字和词组。

基础知识

一、简码输入

减少击键次数可以有效提高输入速度，除了一些常用汉字除全码输入外，多数字还可以取其前面的一至三个字根，再加空格键输入，形成一级、二级、三级简码。

（一）一级简码

一次简码字在日常使用中频率最高，又称为“高频字”。输入方法为：输入一级简码所在键后，再输入一次空格键，即可输入一个简码字，这样的汉字共有 25 个，如图 2－11 所示。

键名	Q	W	E	R	T	Y	U	I	O	P
简码	我	人	有	的	和	主	产	不	为	这
键名	A	S	D	F	G	H	J	K	L	
简码	工	要	在	地	一	上	是	中	国	
键名		Z	X	C	V	B	N	M		
简码			经	以	发	了	民	同		

图 2－11　一级简码

一级简码字有以下分布规律：

（1）大多数一级简码字的第一笔画和它所在的区号一致。第一笔画是横的位于横区（1区），第一笔画是竖的位于竖区（2区），第一笔画是撇的位于撇区（3区），第一笔画是捺（或点）的位于捺区（4区），第一笔画是折（乙）的位于折区（5区）。例如：

在：第一笔画为横，它的一级简码字就位于横区（1区）；

上：第一笔画为竖，它的一级简码字就位于竖区（2区）；

和：第一笔画为撇，它的一级简码字就位于撇区（3区）；

主：第一笔画为点，它的一级简码字就位于捺区（4区）；

民：第一笔画为折，它的一级简码字就位于折区（5区）。

（2）大多数一级简码字本身或其中一个字根就位于它所在的键上。例如：

工：A键上有字根"工"，它的一级简码字就在A键上；

是：第一个字根为"日"，J键上有字根"日"，它的一级简码字就在J键上；

的：第一个字根为"白"，R键上有字根"白"，它的一级简码字就在R键上；

这：第二个字根为"辶"，P键上有字根"辶"，它的一级简码字就在P键上；

了：B键上有字根"了"，它的一级简码字就在B键上。

（二）二级简码

二级简码字输入方法

由汉字全码的前两个字根编码加一空格键组成，二级简码字共有606个，如图2－12所示。

（三）三级简码字

三级简码字输入方法

三级简码字由汉字全码的前三个字根编码加一个空格键组成，也包含了连末笔字型识码在内由三个编码组成的汉字以及由三个编码组成的成字字根。三级简码字击键次数虽未减少，但省去了最后一码的判别工作，仍有助于提高输入速度。例如："丈""揪""谊""拍""甘""倔""嬉"等字。

提醒：

有些汉字有好几种编码，应选择击键次数最少的方法输入。例如："经"字有一级简码、二级简码、三级简码及全码等四种输入方法，分别是X、XC、XCA、XCAG，则应选择一级简码输入，击键次数最少，速度最快。

二级简码表键位	11……15	21……25	31……35	41……45	51……55
	GFDSA	HJKLM	TREWQ	YUIOP	NBVCX
11G	五于天末开	下理事画现	玫珠表珍列	玉平不来☼	与屯妻到互
12F	二寺城霜载	直进吉协南	才垢圾夫无	坟增示赤过	志地雪支☼
13D	三夺大厅左	丰百右历面	帮原胡春克	太磁砂灰达	成顾肆友龙
14S	本村枯林械	相查可楞机	格析极检构	术样档杰棕	杨李要权楷
15A	七革基苛式	牙划或功贡	攻匠菜共区	芳燕东☼芝	世节切芭药
21H	睛睦睚盯虎	止旧占卤贞	睡睥肯具餐	眩瞳步眯瞎	卢☼眼皮此
22J	量时晨果虹	早昌蝇曙遇	昨蝗明蛤晚	景暗晃显晕	电最归紧昆
23K	呈叶顺呆呀	中虽吕另员	呼听吸只史	嘛啼吵噗喧	叫啊哪吧哟
24L	车轩因困轼	四辊加男轴	力斩胃办罗	罚较☼辚边	思团轨轻累
25M	同财央朵曲	由则☼崭册	几贩骨内风	凡赠峭赕迪	岂邮☼凤嶷
31T	生行知条长	处得各务向	笔物秀答称	入科秒秋管	秘季委么第
32R	后持拓打找	年提扣押抽	手折扔失换	扩拉朱搂近	所报扫反批
33E	且肝须采肛	胩胆肿肋肌	用遥朋脸胸	及胶膛眯爱	甩服妥肥脂
34W	全会估休代	个介保佃仙	作伯仍从你	信们偿伙☼	亿他分公化
35Q	钱针然钉氏	外旬名甸负	儿铁角欠多	久匀乐炙锭	包凶争色☼
41Y	主计庆订度	让刘训为高	放诉衣认义	方说就变这	记离良充率
42U	闰半关亲并	站间部曾商	产瓣前闪交	六立冰普帝	决闻妆冯北
43I	汪法尖洒江	小浊澡渐没	少泊肖兴光	注洋水淡学	沁池当汉涨
44O	业灶类灯煤	粘烛炽烟灿	烽煌粗粉炮	米料炒炎迷	断籽娄烃糨
45P	定守害宁宽	寂审宫军宙	客宾家空宛	社实宵灾之	官字安☼它
51N	怀导居☼民	收慢避惭届	必怕☼愉懈	心习悄屡忱	忆敢恨怪尼
52B	卫际承阿陈	耻阳职阵出	降孤阴队隐	防联孙耿辽	也子限取陛
53V	姨寻姑杂毁	叟旭如舅妯	九☼奶☼婚	妨嫌录灵巡	刀好妇妈姆
54C	骊对参骠戏	☼骒台劝观	矣牟能难允	驻骈☼☼驼	马邓艰双☼
55X	线结顷红☼	引旨强细纲	张绵级给约	纺弱纱继综	纪弛绿经比

图 2－12　二级简码

二、词组输入

在汉字输入中，把词组作为汉字输入的基本单位，输入速度会更快。在五笔字型输入法中，不管组成词组的汉字有几个字，词组输入时只需输入四码，大大提高了汉字输入的速度。词组输入的取码规则如下。

（一）双字词

双字词输入方法

分别取每个字的前两码组成，共四码。例如：

计算：讠、十、竹、目（YFTH）；

电话：曰、乙、讠、丿（JNYT）。

（二）三字词

三字词及多字词输入方法

前两个字各取第一码，最后一个字取前两码，共四码。例如：

操作员：扌、亻、口、贝（RWKM）；

计算机：讠、竹、木、几（YTSM）。

（三）多字词

取一、二、三、末四个字的第一码，共四码。例如：

程序设计：禾、广、讠、讠（TYYY）；

保家卫国：亻、宀、卩、囗（WPBL）；

中华人民共和国：口、人、人、囗（KWWL）；

新疆维吾尔自治区：立、弓、纟、匚（UXXA）。

提醒：

当“键名汉字”、“一级简码”和“成字字根”作为组词输入时，应该从这个字的全码中取前两位编码进行输入。例如：

已经：“已”是键名汉字，全码为 NNNN，取前二码 NN；“经”是一级简码，全码为 XCA，取前二码 XC，所以“已经”的编码就是“NNXC”。

地方：“地”是一级简码，全码为 FBN，取前二码 FB；“方”是成字字根，全码为 YYGN，取前二码 YY，所以“地方”的编码就是“FBYY”。

耳目：“耳”是成字字根，全码为 BGHG，取前二码 BG；“目”是键名汉字，全码为 HHHH，取前二码 HH，所以“耳目”的编码就是“BGHH”。

三、重码字输入

几个五笔字型编码完全相同的字，叫作“重码字”。当输入重码字的编码时，几个重码字会同时出现在屏幕的“提示行”中，较常用的字排在第一个位置上，并用数字指出重码字的序号。如果你需要的是第一个字，直接敲空格键或继续输入下一个字，该字就会自动跳到当前光标位置；其他重码字则要用数字键加以选择。例如：“喜”和“嘉”，字根编码都是 FKUK，因“喜”字较常用，所以它排在第 1 位，直接敲空格键或继续输入即可输入“喜”字；“嘉”字排在第 2 位，则要选择数字键 2 进行输入。

知识补充

掌握正确的指法，恰当地划分训练阶段，并制定合理的训练目标，对于提高五笔字型输入速度是非常重要的。

一、指法分工

十指分工、包键到指，这对于保证击键的准确性和速度的提升至关重要。开始击键之前，将左手小指、无名指、中指、食指分别置于“A”“S”“D”“F”键帽上；将右手食指、中指、无名指、小指分别置于“J”“K”“L”“;”键帽上；左、右手拇指轻置于空格键上。指法分工如图 2 - 13 所示。

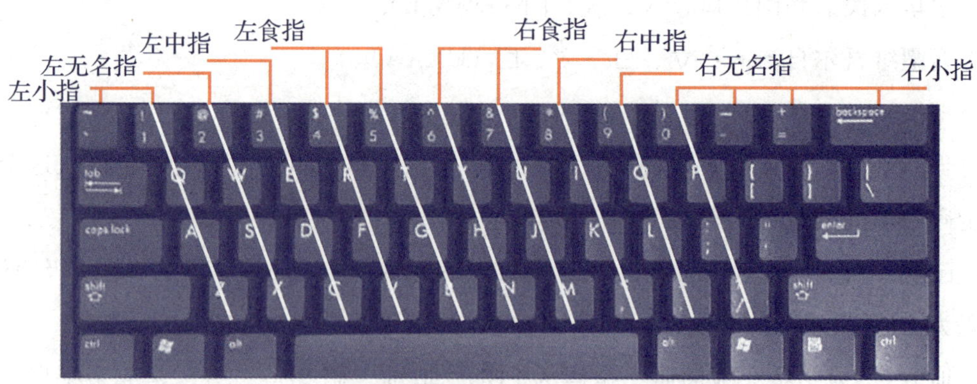

图 2 - 13 指法分工

（一）左手指法分工

小指击“Q”“A”“Z”键；无名指击“W”“S”“X”键；中指击“E”“D”

"C"键；食指击"R""F""V""T""G""B"键；拇指击空格键。

（二）右手指法分工

食指击"Y""H""N""U""J""M"键；中指击"I""K"","键；无名指击"O""L""。"键；小指击"P"";""/"键；拇指击空格键。

正确使用键盘是提高打字速度的前提条件，操作者必须牢记基准键与手指的对应关系，包键到指才能实现盲打。在指法基础训练中，敲击8个基准键后手指仍放在原位不动，敲击其他键后手指必须回归到基准键。初学者经过多次击键和归位动作训练，才能够正确、熟练地掌握基准键位与各手指所管理的各键之间的距离和位置。

二、坐姿准备

扫码请看
打字姿势

开始打字之前一定要端正坐姿。如果坐姿不正确，不但会影响打字速度，而且还容易疲劳、出错。因此，建议按照下面的方法规范自己的打字姿势。

（1）座椅高度合适，操作者身体正对电脑屏幕和键盘，屏幕中心略低于眼睛，屏幕距离眼睛要保持一个臂长的距离，胸部距离键盘20厘米左右。

（2）上身保持挺直，两肩放松，两脚适当分开平放于地面，两臂自然下垂，两肘贴于腋边。

（3）手腕要平直悬空，不能靠在键盘托上，以免影响输入速度。

（4）手、手腕及手肘应保持在同一水平线上，身体和手指自然放松，注意调整双手和键盘之间的距离，以舒适为准。

三、练习建议

扫码请看
提高录入速度技巧

（1）鱼和熊掌不可兼得，要想学好五笔字型输入法，请强化五笔输入法，弱化拼音输入法。

（2）练习字根时要保证指法准确，多练习"盲打"是提高汉字输入速度的有效途径。初学者应先求准再求快，避免欲速则不达。

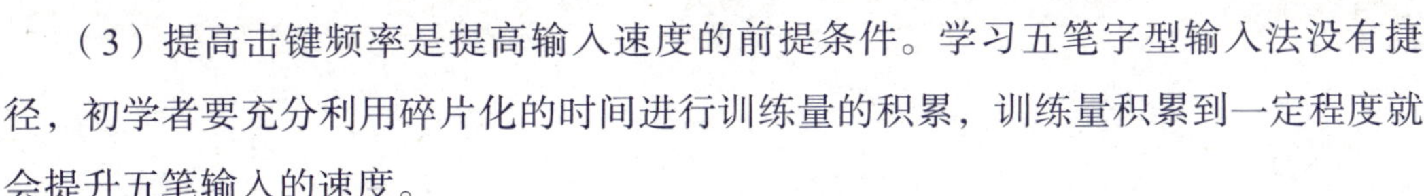

（3）提高击键频率是提高输入速度的前提条件。学习五笔字型输入法没有捷径，初学者要充分利用碎片化的时间进行训练量的积累，训练量积累到一定程度就会提升五笔输入的速度。

（4）初学者应加强单字的练习，对于难字的拆分应理解它的拆字原理并反复训练，要达到“见字即分”的境界。

（5）练习词组输入时，对词组的取码规则要形成条件反射，尽可能多地使用词组输入是提高汉字输入速度的有效方法。

（6）要训练眼、脑、手之间信号传递的速度，加强实战练习，养成预读的良好习惯，切忌看一字打一字。

（7）提高击键的准确率，严格控制回改频率。

（8）五笔字型输入速度与质量的要求对每个人来说都是一种挑战，在打字过程中要专心，也要有紧迫感；既要稳重，也要有竞争意识。

提高五笔字型输入速度的方法总结如图 2－14 所示。

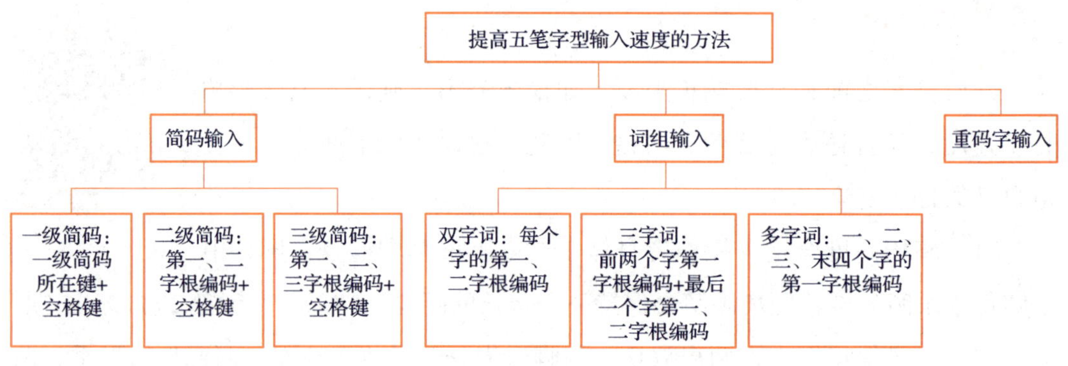

图 2－14　提高五笔字型输入速度的方法

活动练习

对简码字和词组输入进行有针对性的练习。

项目小结

五笔字型编码输入法的取码规则可概括为：

五笔字型均直观，依照笔顺把码编；

键名汉字打四下，基本字根请照搬；

一二三末取四码，顺序拆分大优先；

不足四码要注意，交叉识别补后边。

项目二 五笔字型汉字输入练习与考核系统的使用

使用银行职业技能学习与训练系统和银行职业技能考核系统，可以进行有针对性的训练和测试，可以有效地提高学习者使用五笔字型输入法进行汉字输入的速度和准确率。

活动一 银行职业技能学习与训练系统（汉字输入）的使用

活动目标

能够熟练运用银行职业技能学习与训练系统，进行五笔字根、五笔单字（包括键名汉字、成字字根、末笔交叉识别码、一级简码、二级简码、三级简码、其他单字等）、五笔词组和五笔文章等内容的输入。

操作步骤

一、登录

（1）双击“银行职业技能学习与训练系统”图标，如图 2－15 所示。

图 2－15 系统图标

（2）进入用户登录界面，如图 2－16 所示。

图 2－16　用户登录界面

（3）输入学号和密码，点击“登录”，如图 2－17 所示。

图 2－17　输入学号和密码

（4）进入首页，可见等级积分、通知公告、任务大厅、申请考试、任务提醒、签到、暴走大事件、经验总排行、金币总排行、经验年级排行、金币年级排行等栏目，如图 2－18 所示。

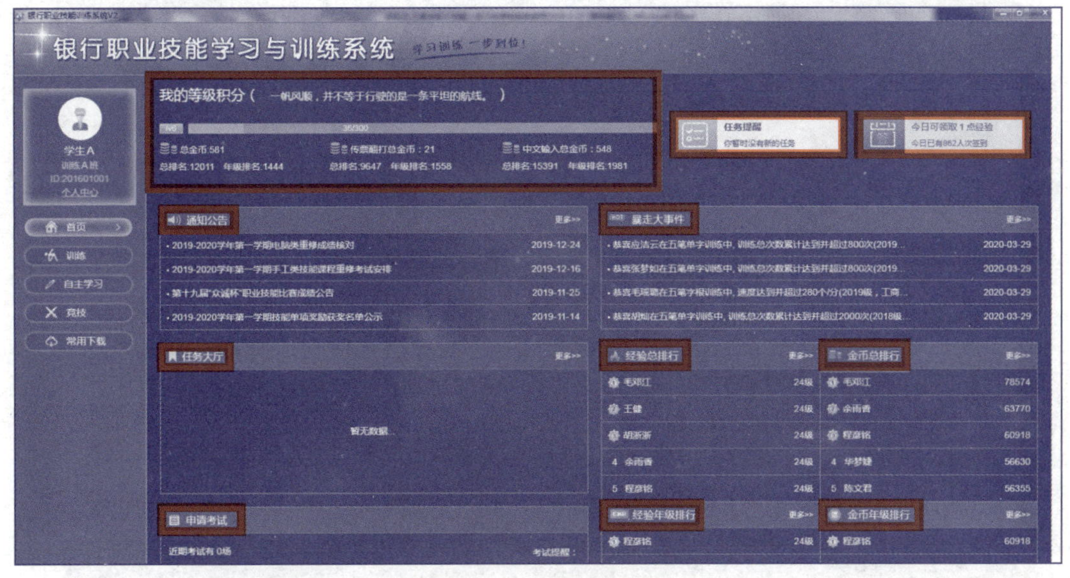

图 2-18 系统首页

（5）点击首页右上角的“签”图标，进入签到界面，如图 2-19 所示。

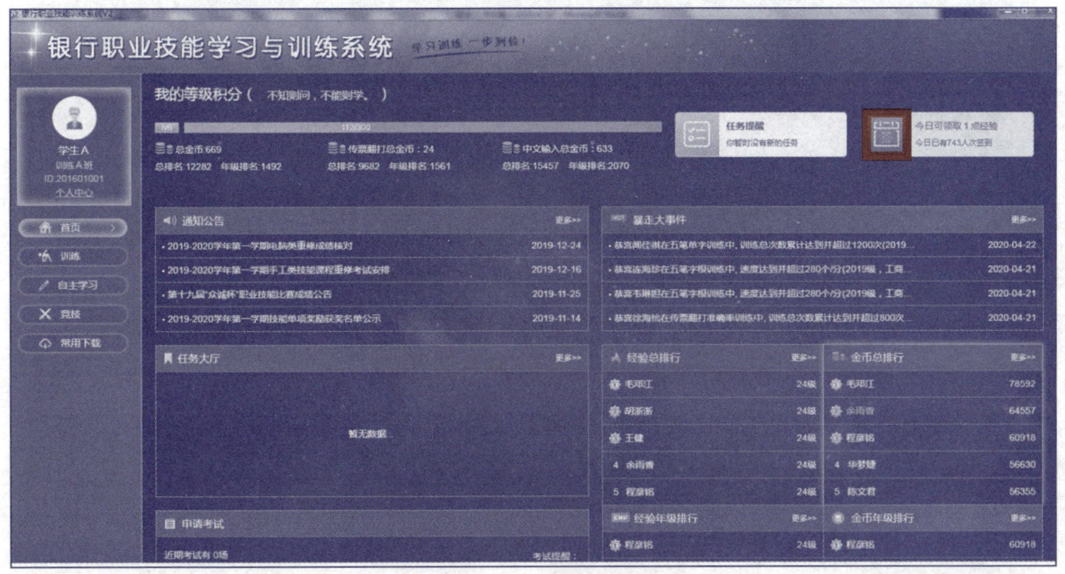

图 2-19 点击“签”图标

（6）点击“签到”，屏幕提示“任意有效训练 10min 即可签到”，如图 2-20 所示。

二、自主学习

（1）选择“自主学习”，如图 2-21 所示。

（2）选择“中文输入”，如图 2-22 所示。

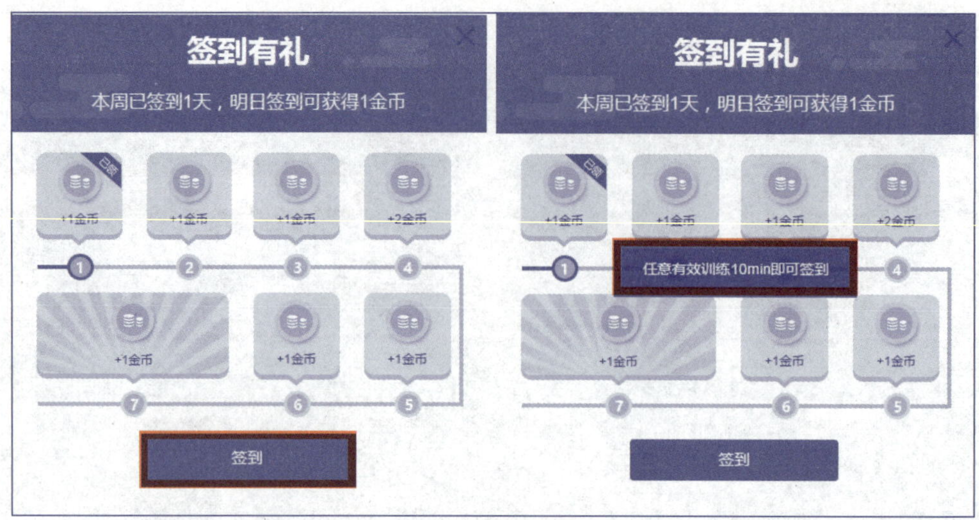

图 2-20 “签到有礼”界面

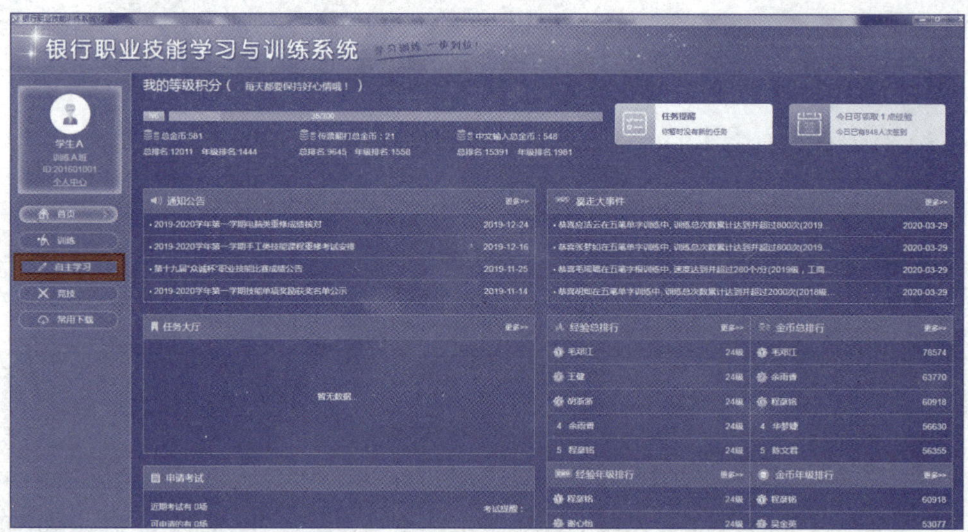

图 2-21 “自主学习”界面

图 2-22 “中文输入”学习界面

（3）选择“学习内容”，如图 2－23 所示。

图 2－23　学习内容界面

（4）点击“播放”开始学习，如图 2－24 所示。

图 2－24　学习界面

三、训练

（一）五笔字根训练

（1）点击“训练”，选择“五笔输入训练—五笔字根训练”，如图 2－25 所示。

图 2－25　五笔输入训练界面

（2）点击“开始训练”，如图 2－26 所示。

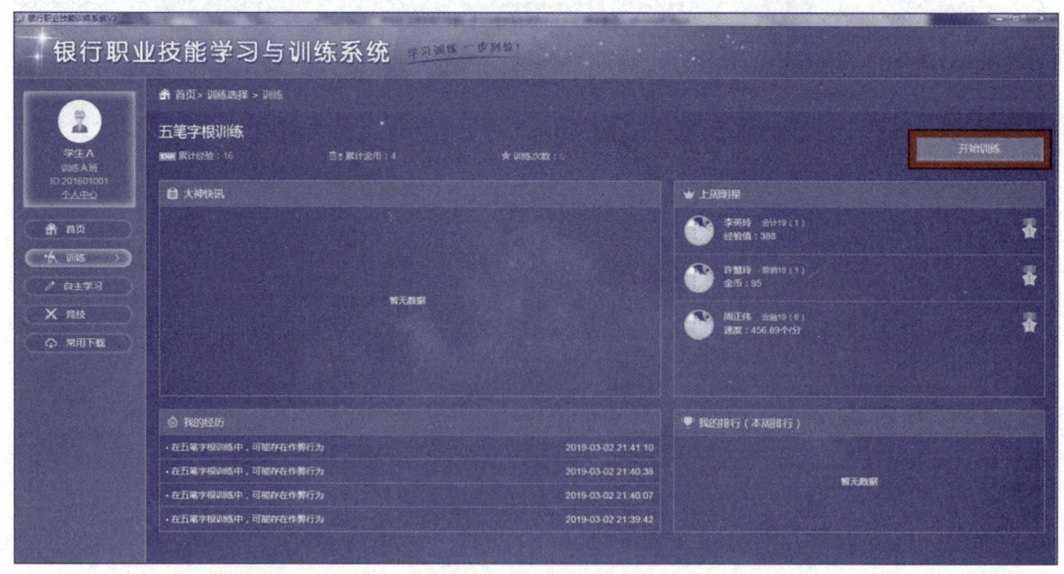

图 2－26　五笔字根训练界面

（3）参数设置，点击“开始训练”，如图 2－27 所示。

图 2－27　参数设置界面

（4）需要帮助，按 F1 显示键位提示，如图 2－28 所示。

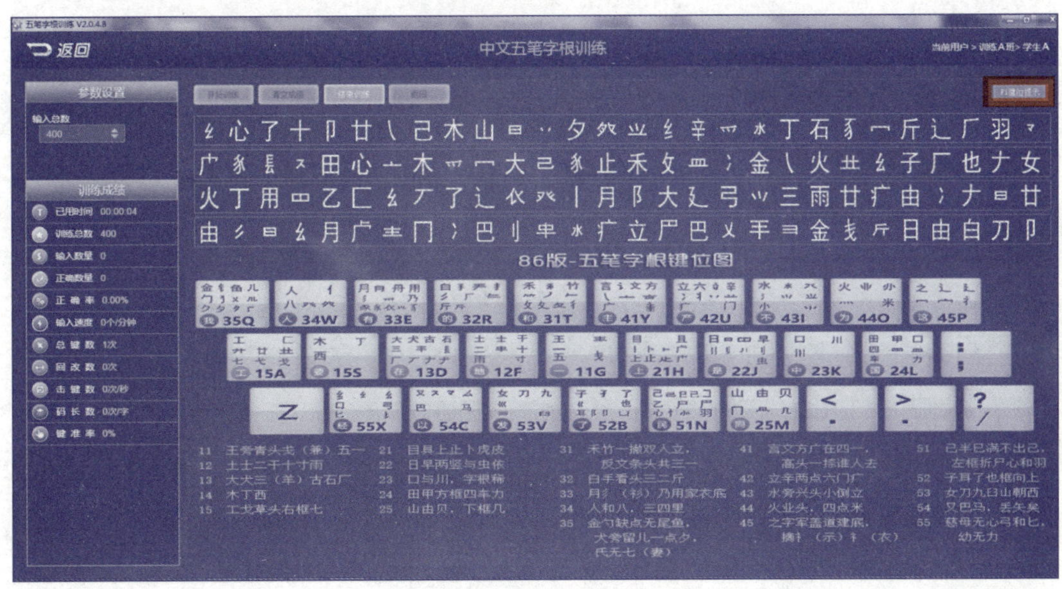

图 2－28　F1 键位提示界面

（5）训练结束后，系统显示本次训练成绩、所得经验值和金币数，如图 2－29 所示。

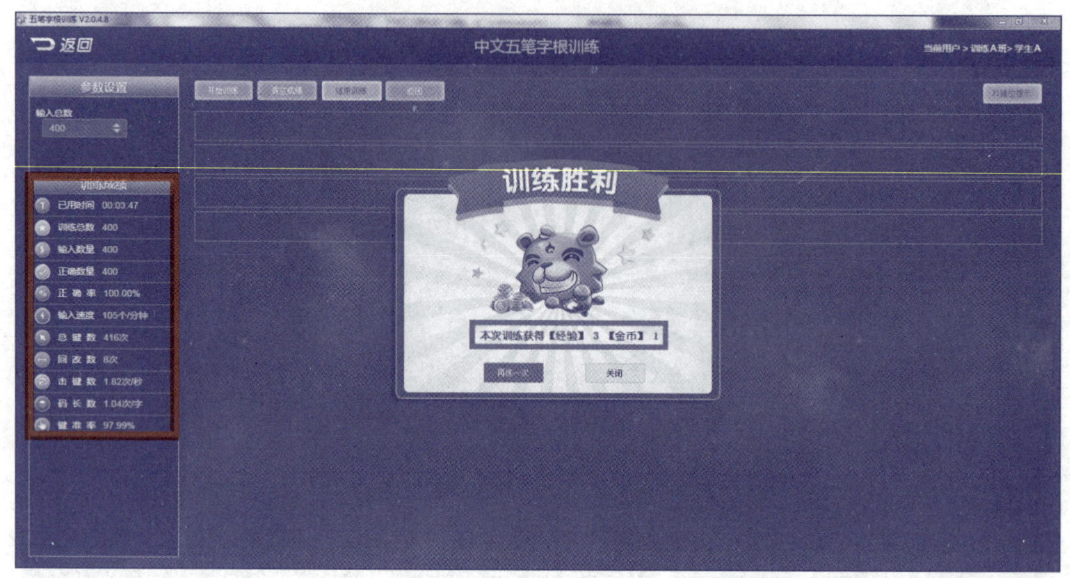

图 2-29 字根训练结束界面

（二）五笔单字训练

（1）点击“训练”，选择“五笔输入训练—五笔单字训练”，如图 2-30 所示。

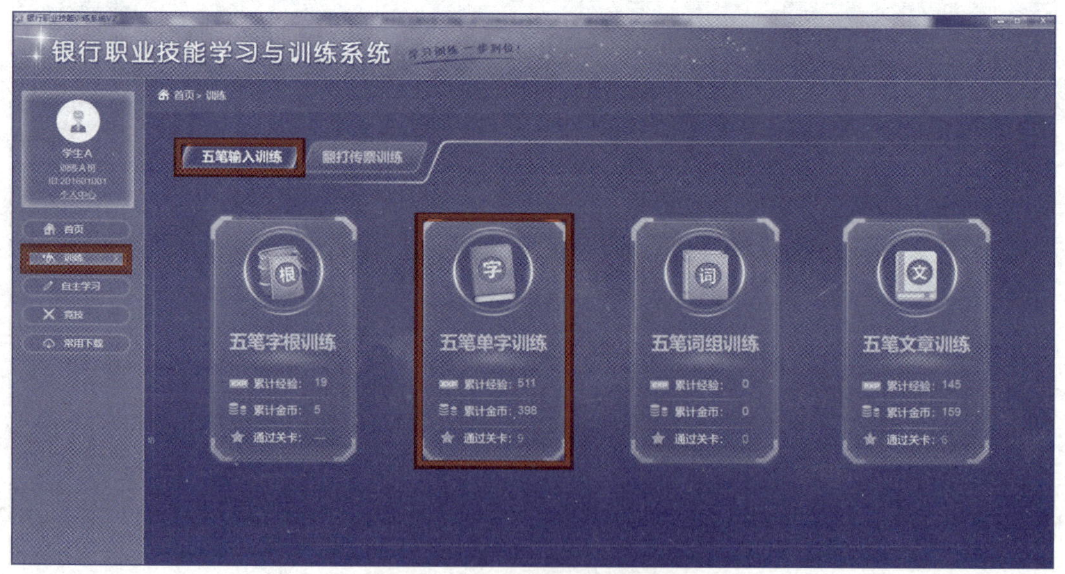

图 2-30 五笔输入训练界面

（2）点击“开始训练”，如图 2-31 所示。

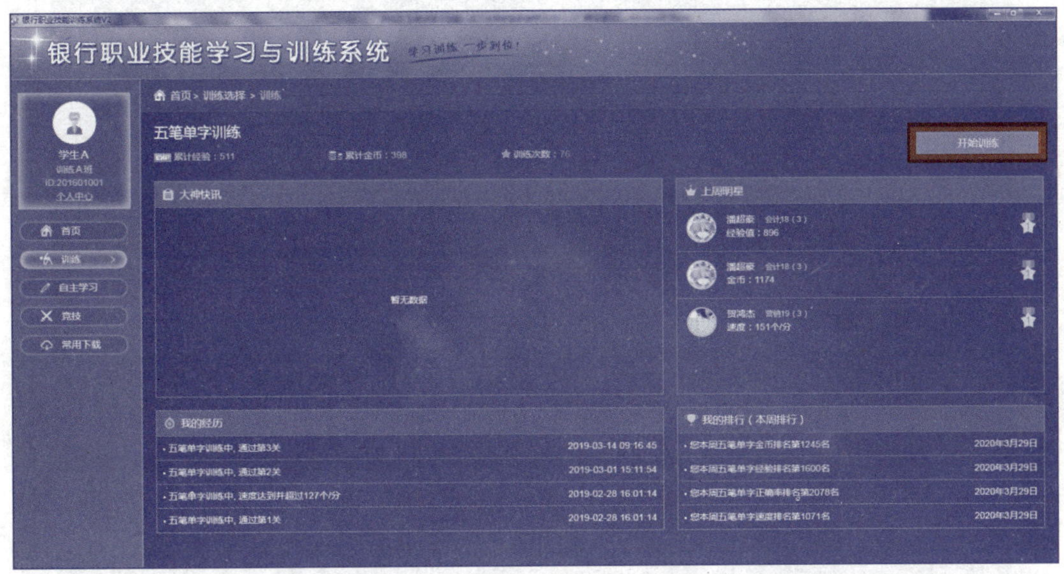

图 2－31　五笔单字训练界面

（3）选择任一字库——“键名汉字”“表内字”“一级简码”“二级简码”“末笔识别码”“三级简码”“全码字”“其他字库”，选择关卡，点击“开始训练”，如图 2－32 至图 2－39 所示。

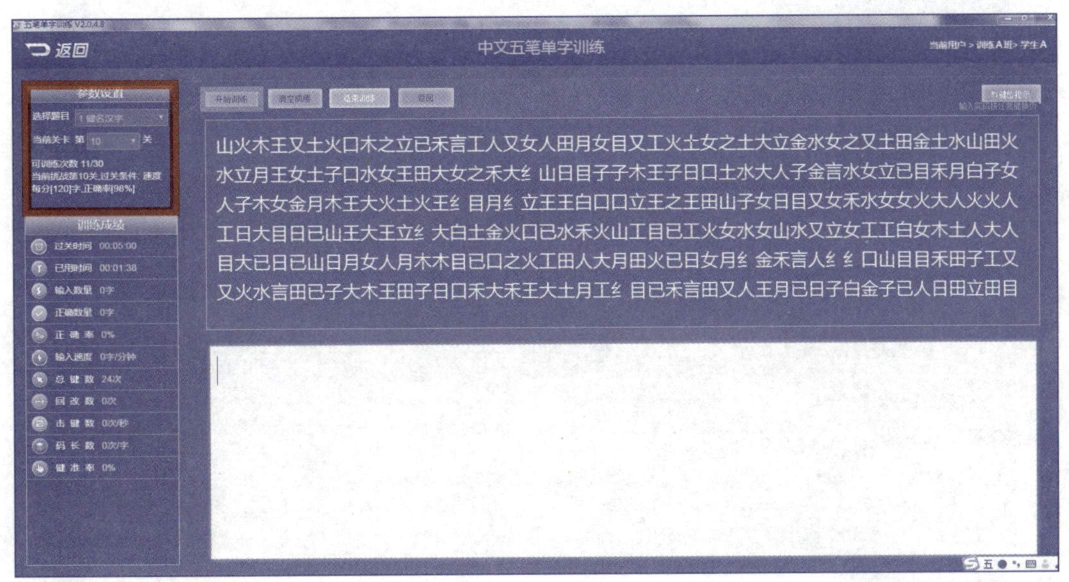

图 2－32　键名汉字训练界面

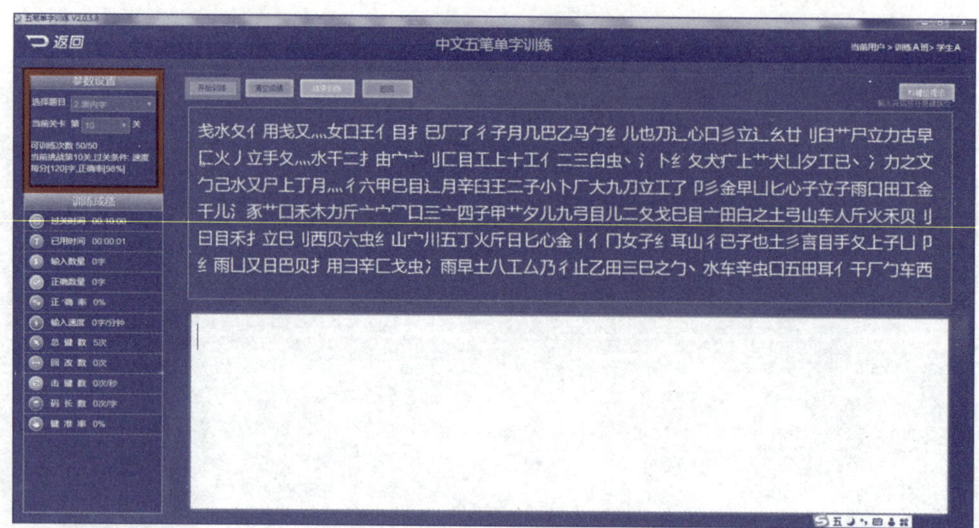

图 2-33　表内字训练界面

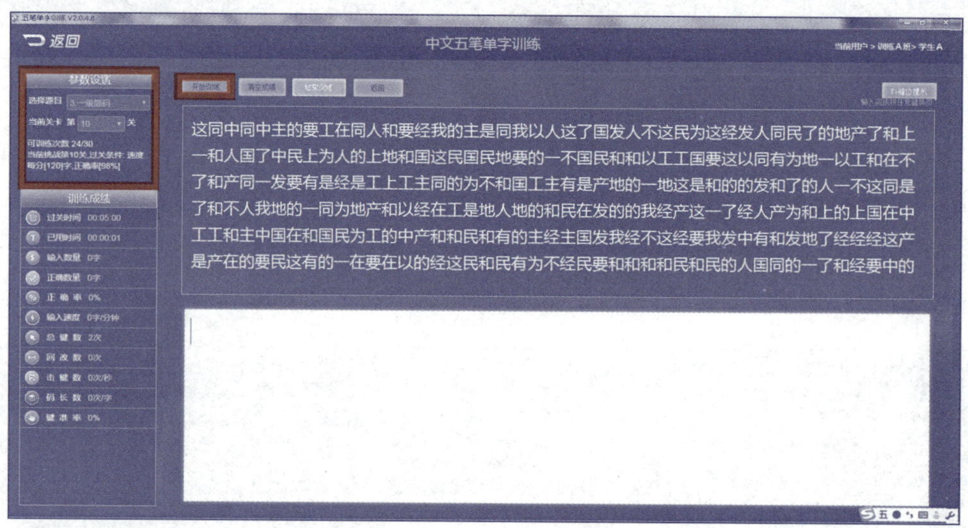

图 2-34　一级简码训练界面

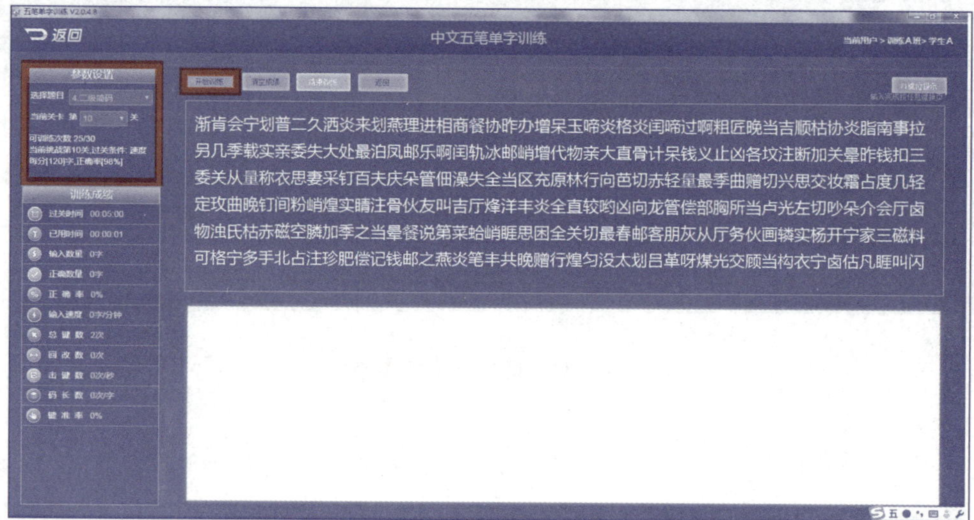

图 2-35　二级简码训练界面

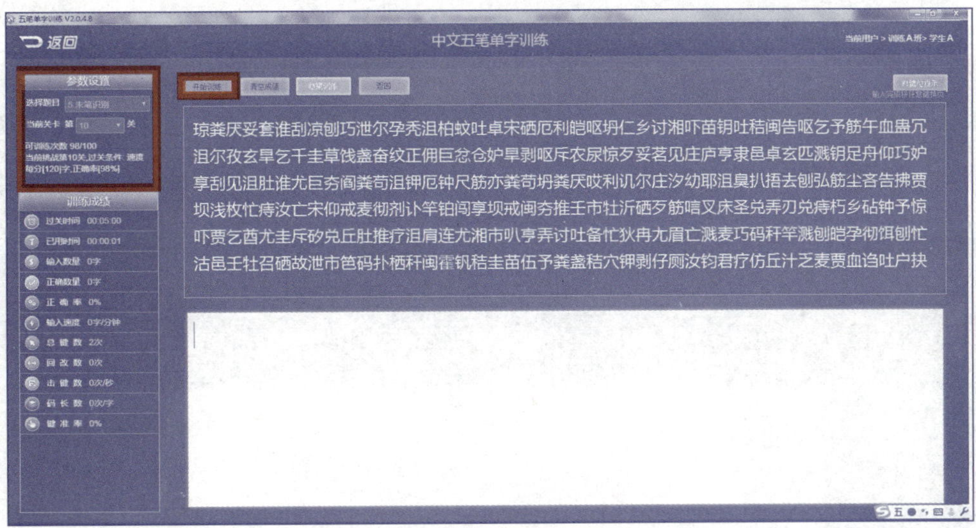

图 2－36　末笔识别码训练界面

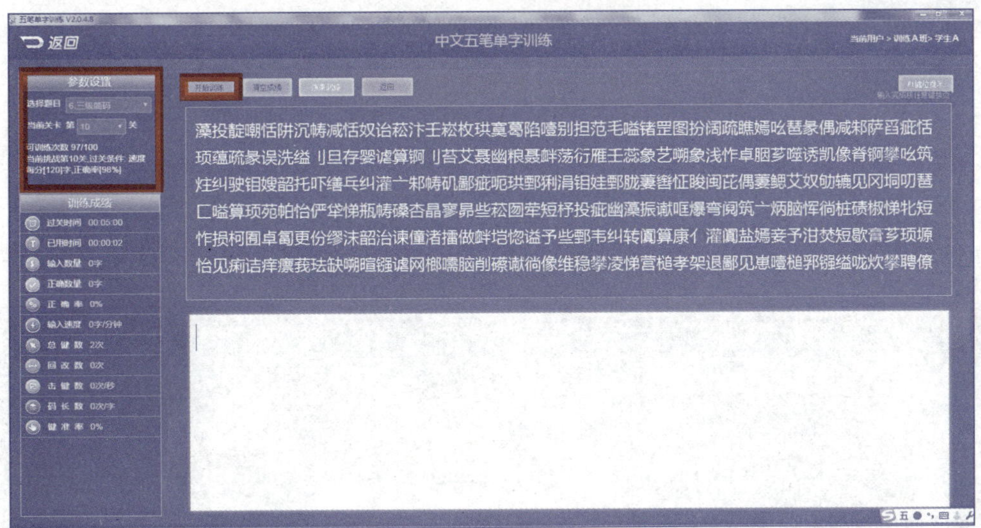

图 2－37　三级简码训练界面

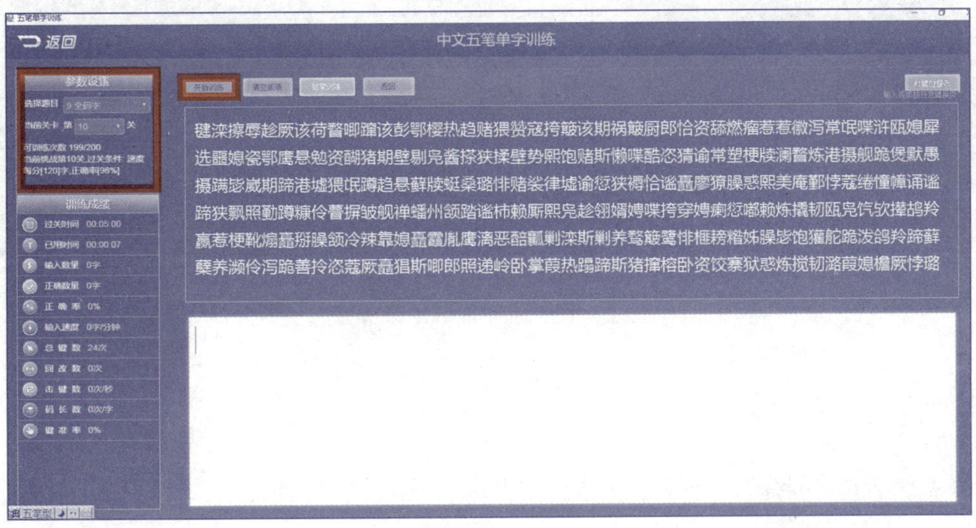

图 2－38　全码字训练界面

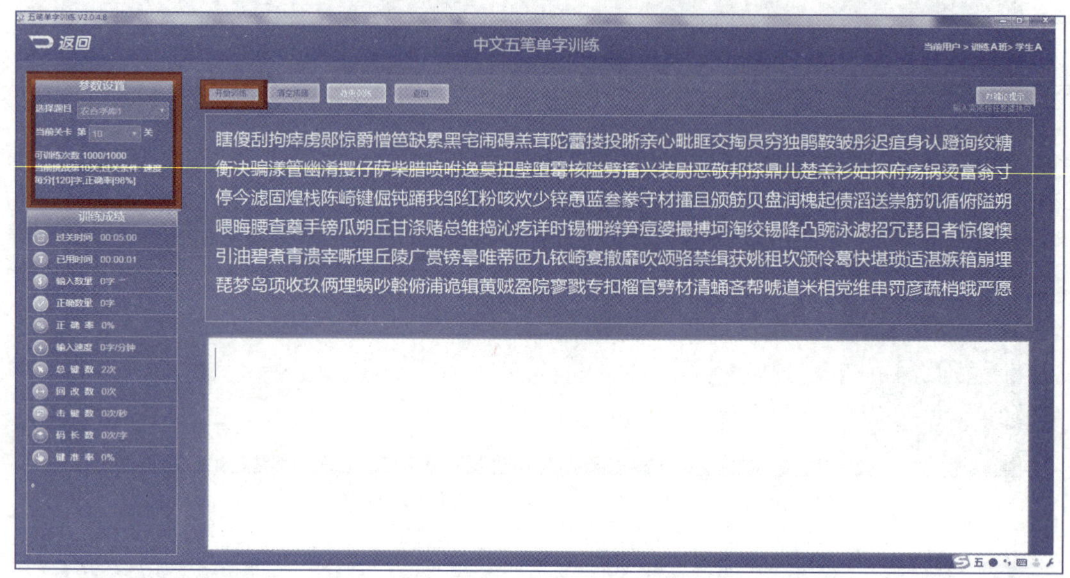

图 2-39　其他字库训练界面

（4）训练结束，系统显示本次训练成绩、所得经验值和金币数，如图 2-40 所示。

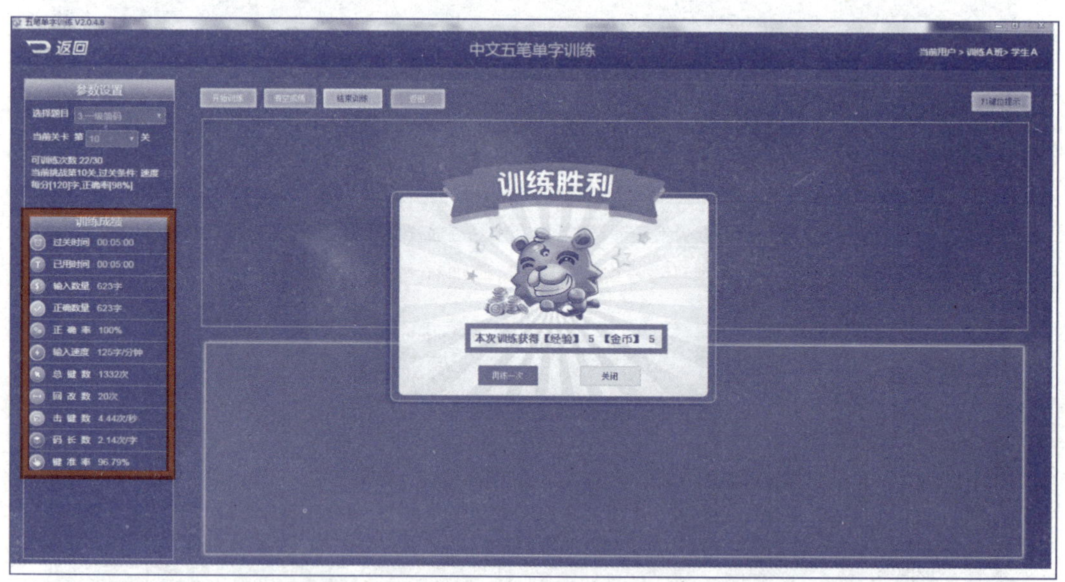

图 2-40　单字训练结束界面

（三）五笔词组训练

（1）点击“训练”，选择“五笔输入训练”—“五笔词组训练”，如图 2-41 所示。

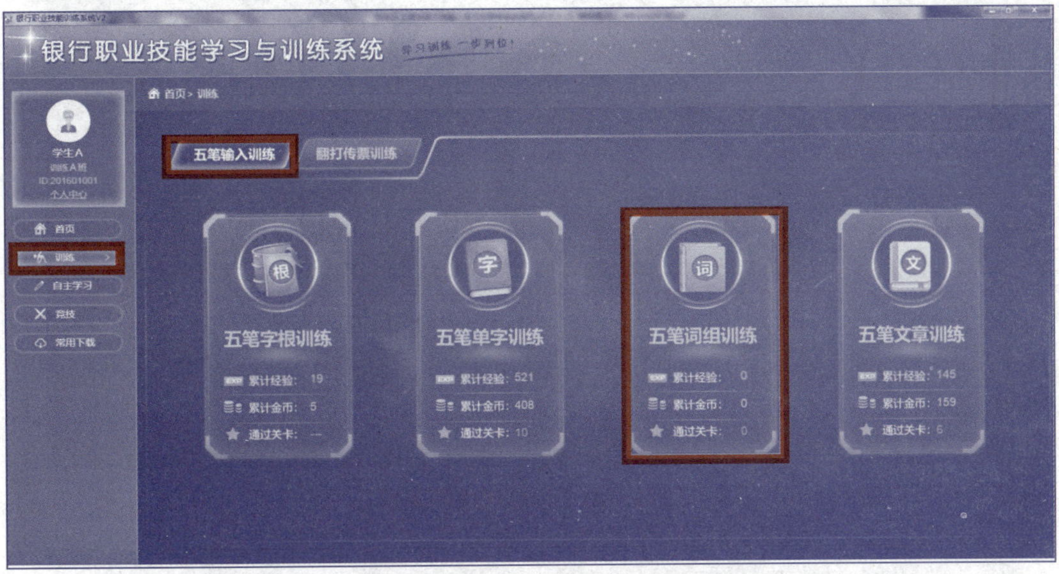

图 2－41　五笔输入训练界面

（2）点击“开始训练”，如图 2－42 所示。

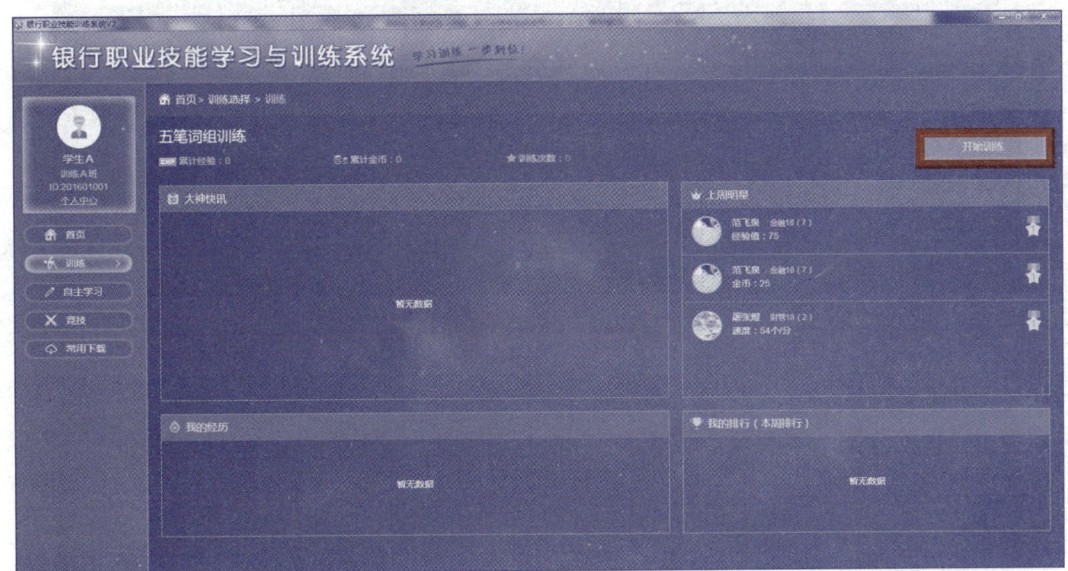

图 2－42　五笔词组训练界面

（3）选择题目：“词组练习”，选择关卡，点击“开始训练”，如图 2－43 所示。

（4）输入正确的五笔编码，屏幕上就会显示正确的汉字，如图 2－44 所示。

（5）训练结束，系统显示本次训练成绩、所得经验值和金币数，如图 2－45 所示。

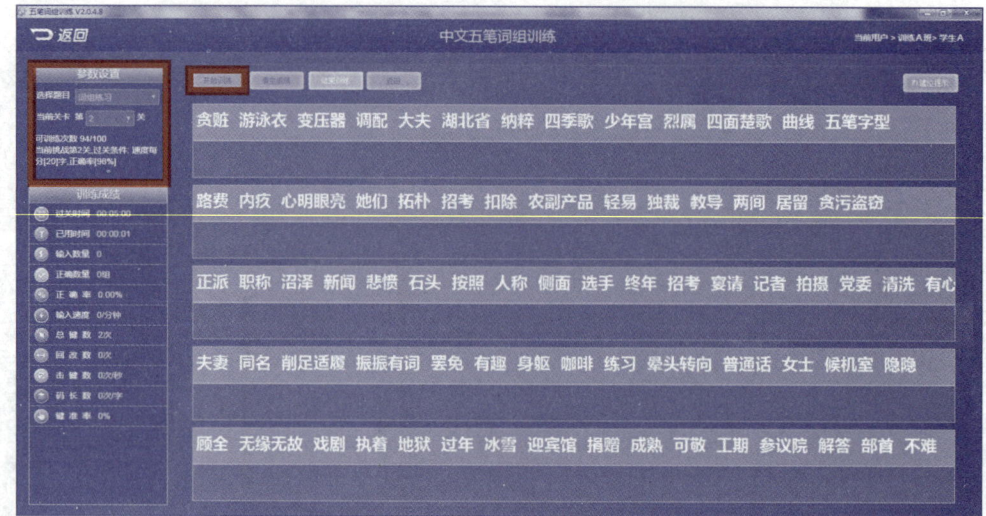

图 2－43　词组训练界面 1

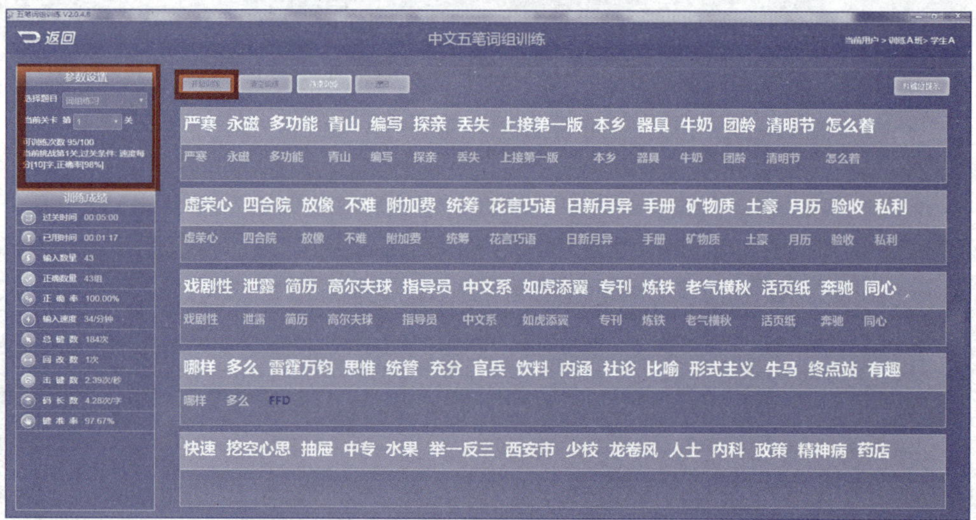

图 2－44　词组训练界面 2

图 2－45　词组训练结束界面

（四）五笔文章训练

（1）点击“训练”，选择“五笔输入训练—五笔文章训练”如图 2－46 所示。

图 2－46　五笔输入训练界面

（2）点击“开始训练”，如图 2－47 所示。

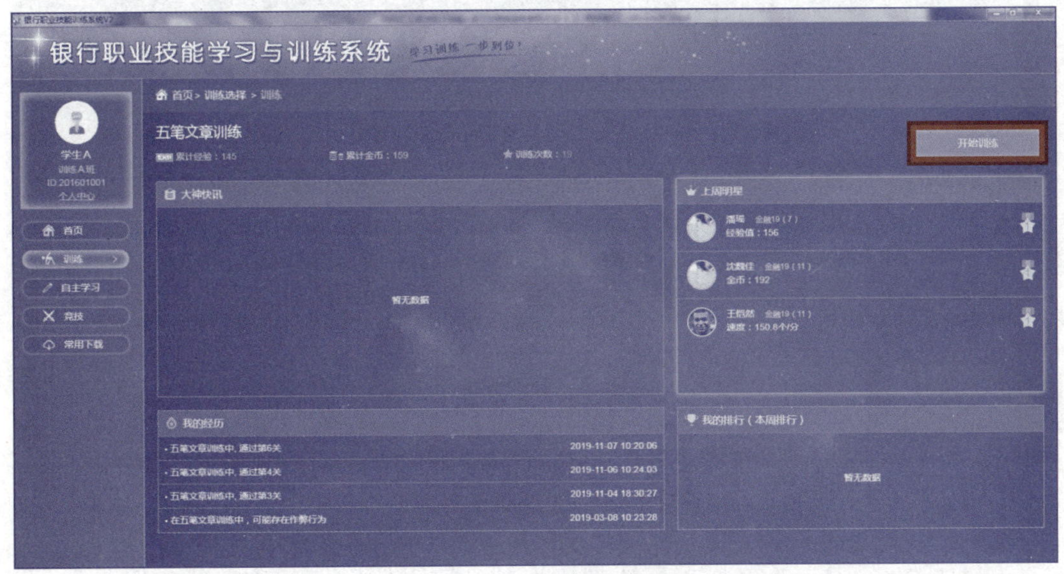

图 2－47　五笔文章训练界面

（3）选择题目：“练习文章”，选择关卡，点击“开始训练”，分别如图 2－48、图 2－49 所示。

图 2－48　文章训练界面 1

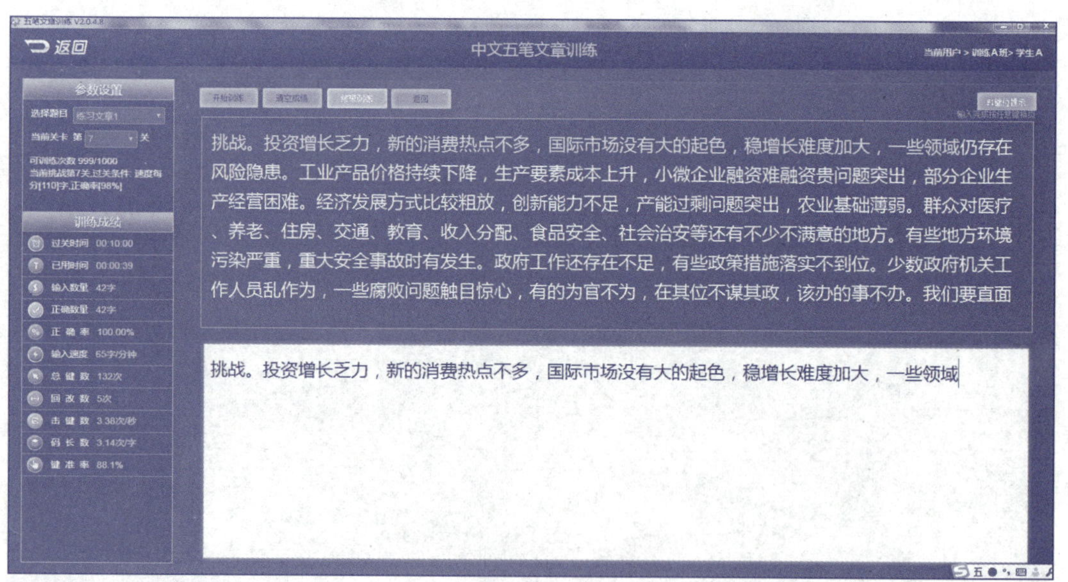

图 2－49　文章训练界面 2

（4）训练结束，系统显示本次训练成绩、所得经验值和金币数，如图 2－50 所示。

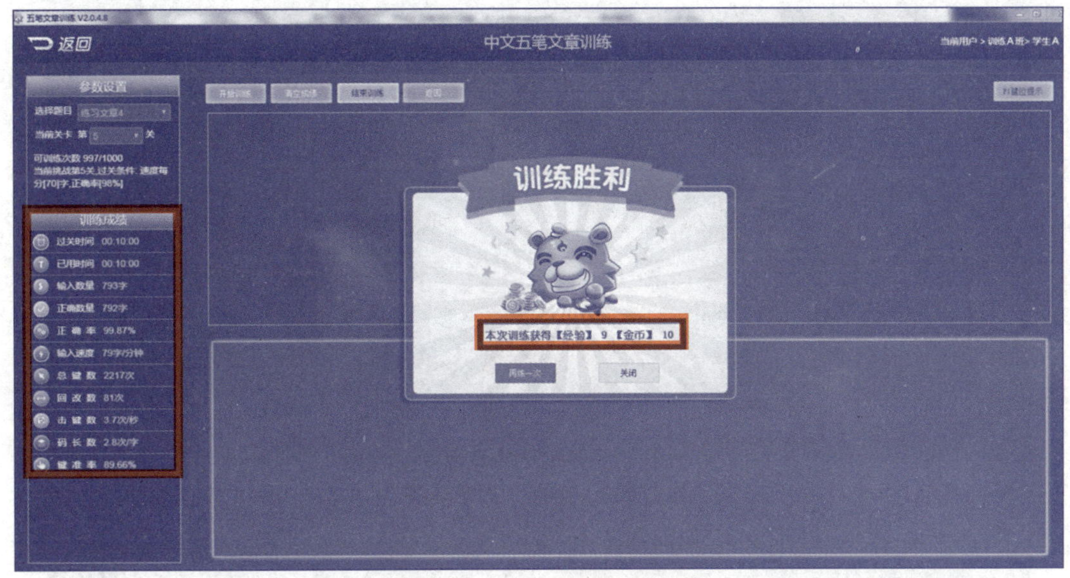

图 2 - 50　文章训练结束界面

四、竞技

（1）点击首页的“竞技”，进入竞技界面，如图 2 - 51 所示。

图 2 - 51　竞技界面

（2）选择训练模块：“五笔单字”或“五笔文章”，点击“快速开始”，分别如图 2 - 52、图 2 - 53 所示。

（3）系统自动匹配竞技对手，如图 2 - 54 所示。

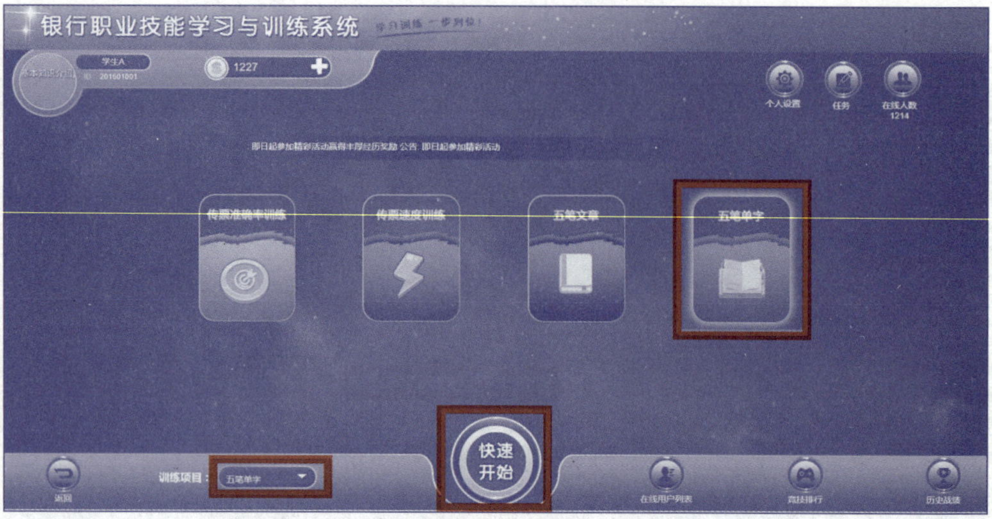

图 2－52　选择“五笔单字”

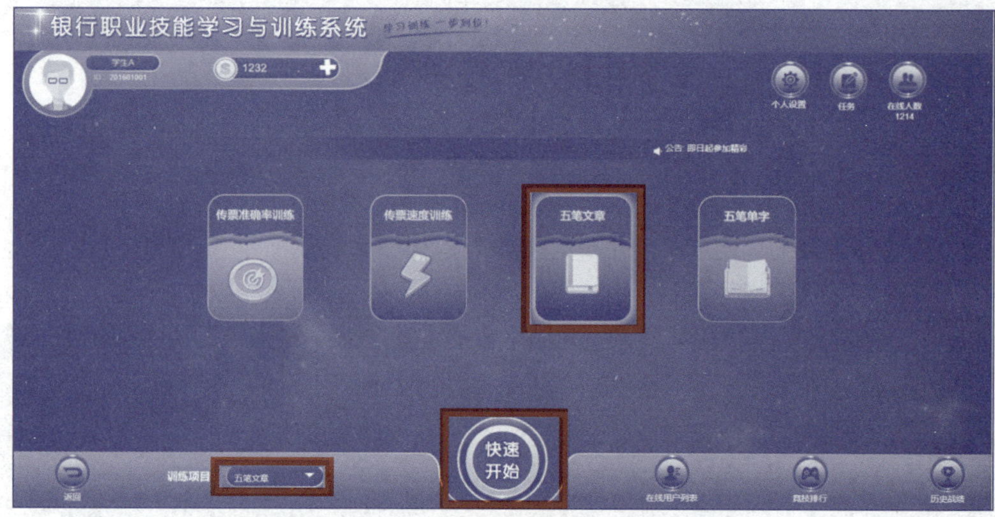

图 2－53　选择“五笔文章”

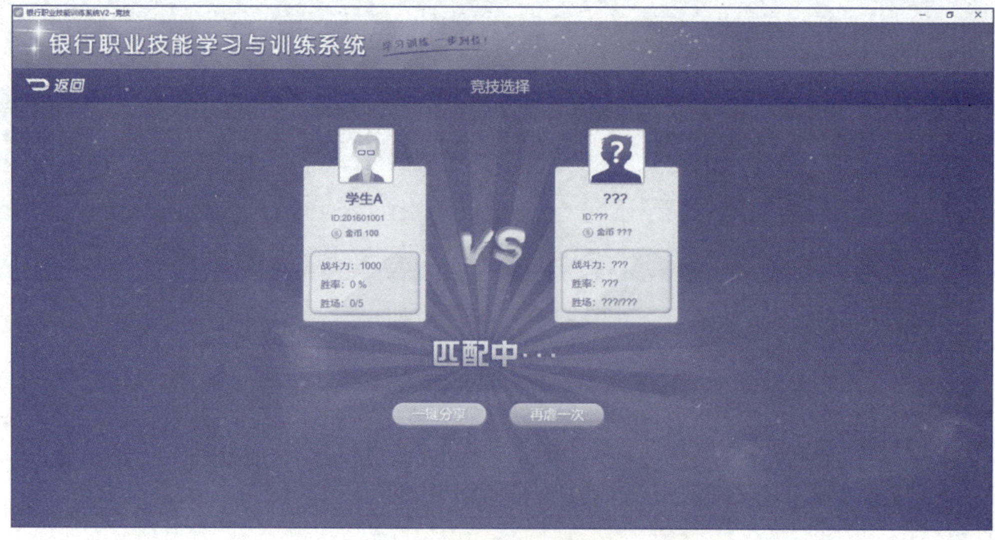

图 2－54　系统自动匹配竞技对手界面

（4）匹配成功后竞技对战，分别如图 2－55、图 2－56 所示。

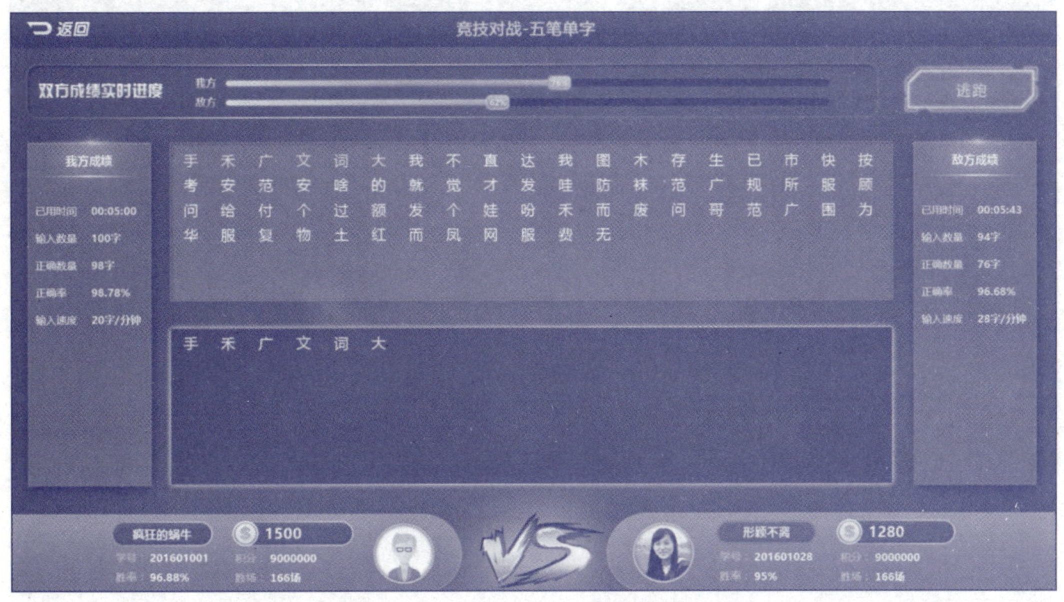

图 2－55　五笔单字竞技对战界面

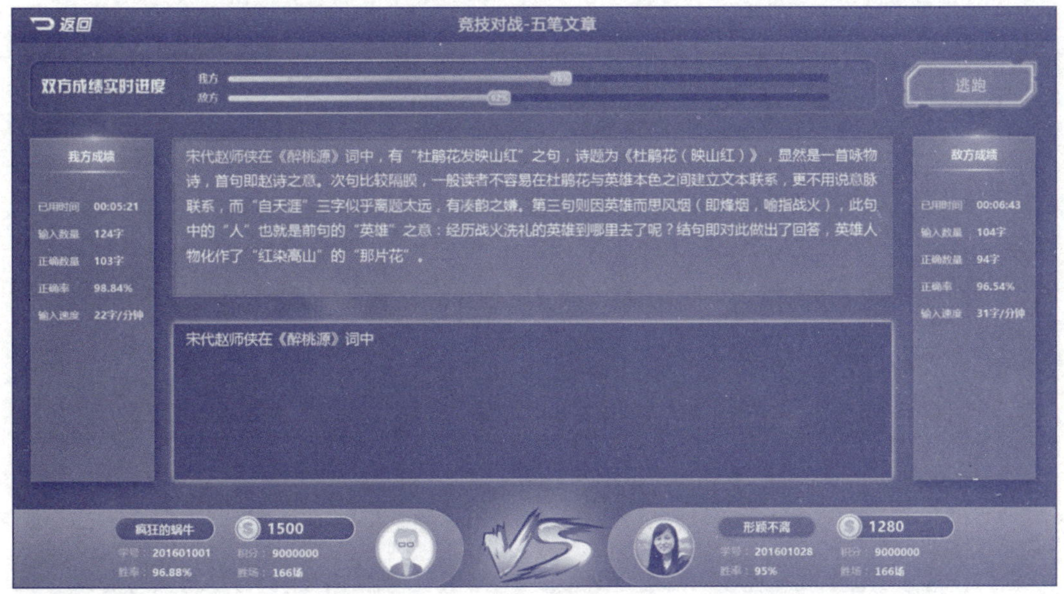

图 2－56　五笔文章竞技对战界面

（5）竞技结束，系统自动显示竞技结果，如图 2－57 所示。

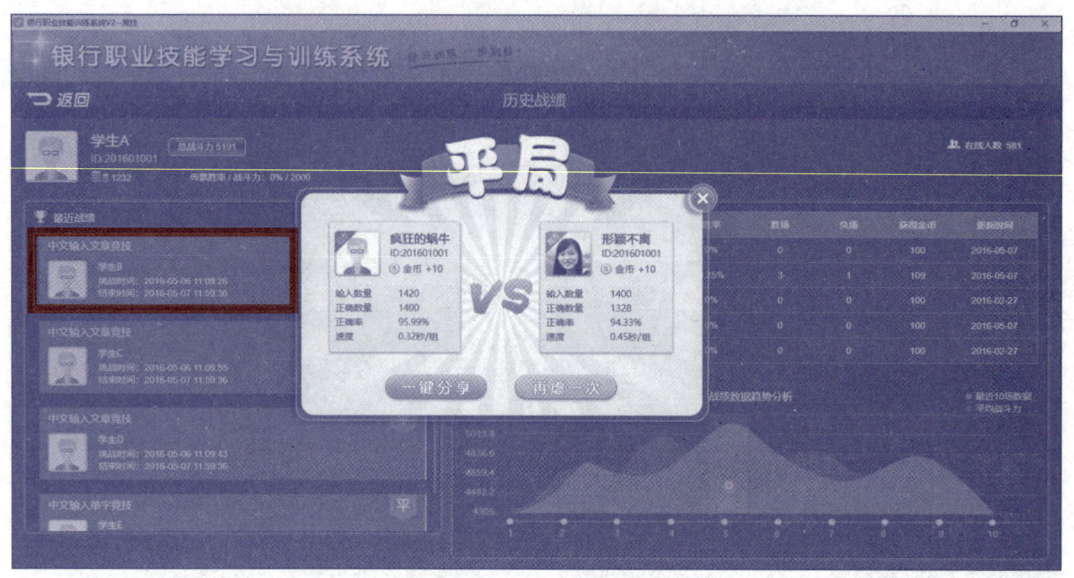

图 2-57　竞技结果界面

（6）点击“在线用户列表”，可以查看在线人数和用户姓名、学号、战力、胜率等信息，分别如图 2-58、图 2-59 所示。

图 2-58　点击“在线用户列表”

（7）点击“竞技排行”，可以查看竞技排行，分别如图 2-60、图 2-61 所示。

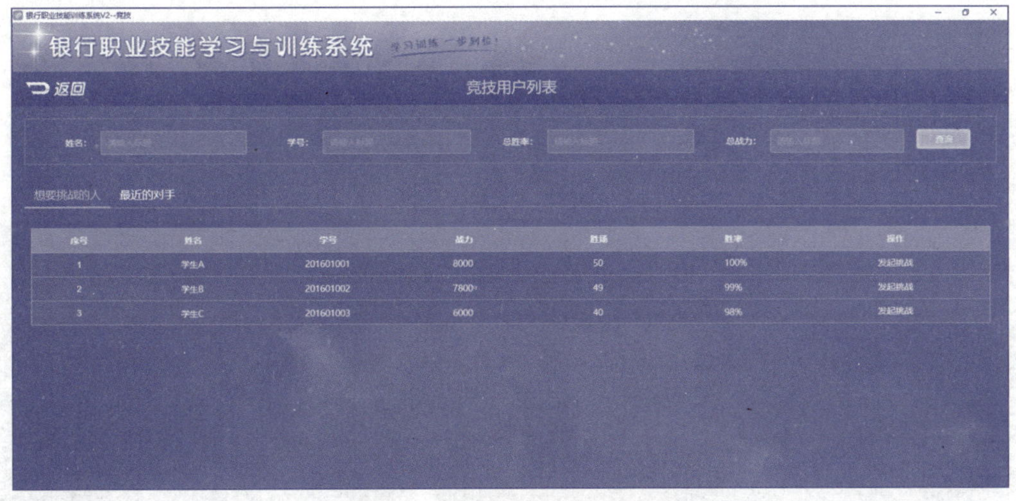

图 2－59　竞技用户列表界面

图 2－60　点击“竞技排行”

图 2－61　竞技排行界面

（8）点击“历史战绩”，可以查看竞技对战历史成绩，分别如图 2－62、图 2－63 所示。

图 2－62　点击“历史战绩”

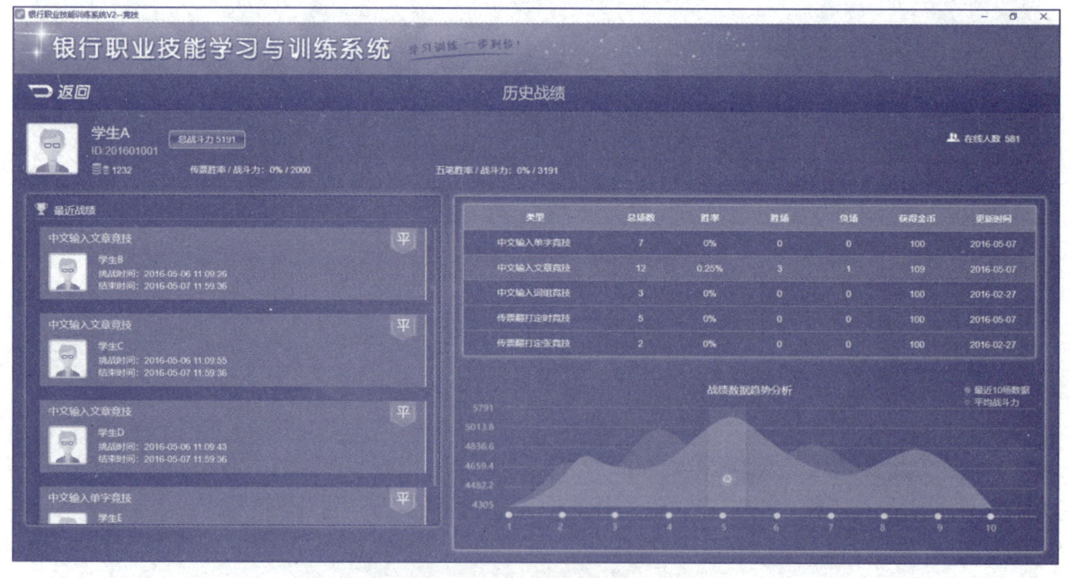

图 2－63　历史战绩界面

五、常用下载

（1）点击首页左侧“常用下载”，如图 2－64 所示。

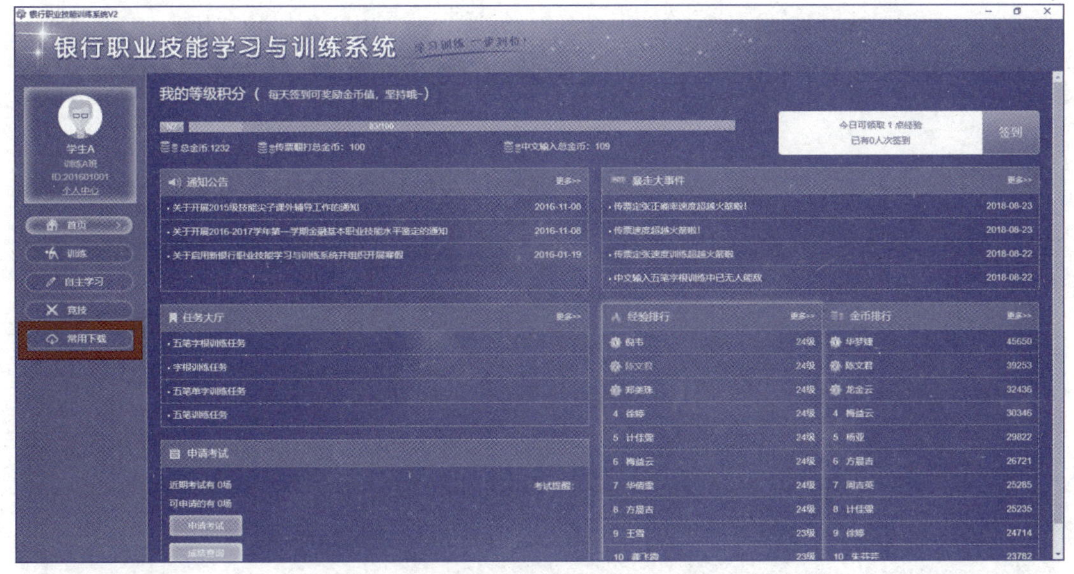

图 2－64　点击“常用下载”

（2）在这个界面，练习者可以下载王码五笔字型输入法和全能打字教室训练软件，如图 2－65 所示。

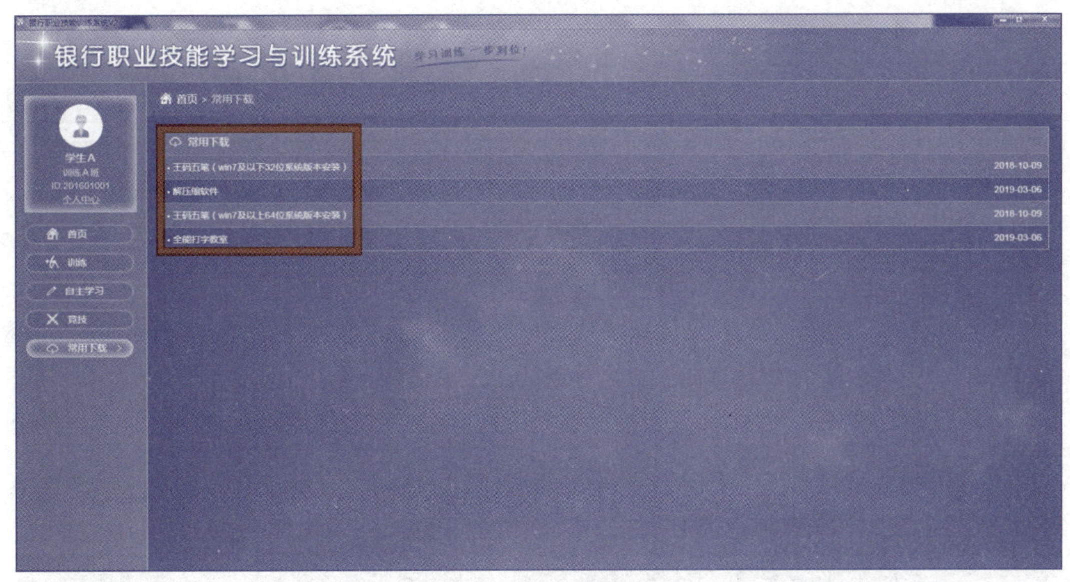

图 2－65　常用下载界面

六、考试申请

中文输入考试申请期间，凡是金币数在 1 000 以上的同学均可申请单字或文章的考试，1 000 金币兑换一次考核机会。报名成功，将扣除 1 000 金币。

（1）点击银行职业技能学习与训练系统首页左下角的“申请考试”，如图 2－66 所示。

图 2－66　点击“申请考试”

（2）选择考试模块，点击“申请”，如图 2－67 所示。

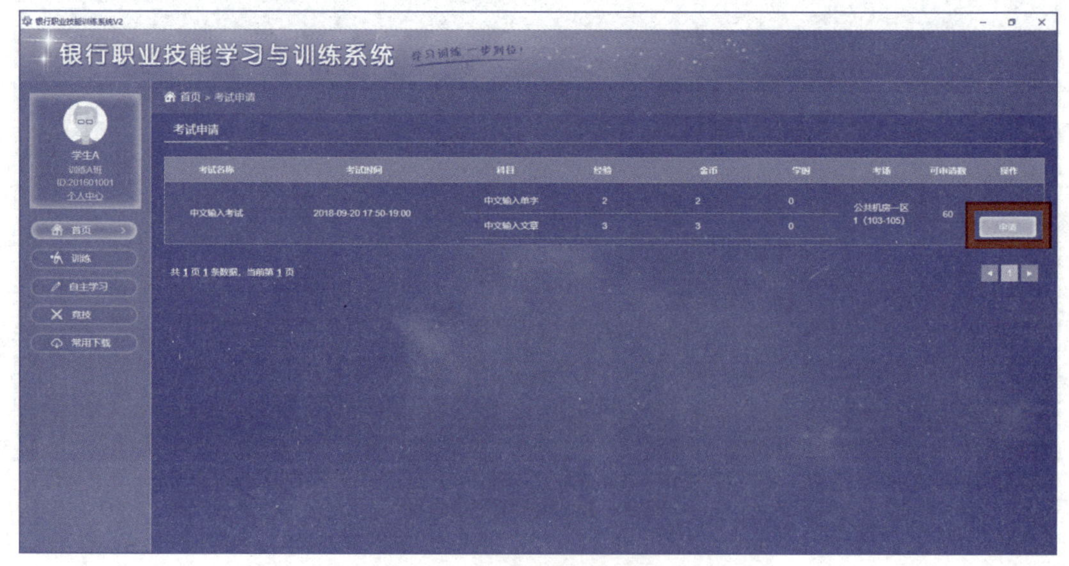

图 2－67　选择考试模块界面

（3）申请成功，扣除金币，如图 2－68 所示。

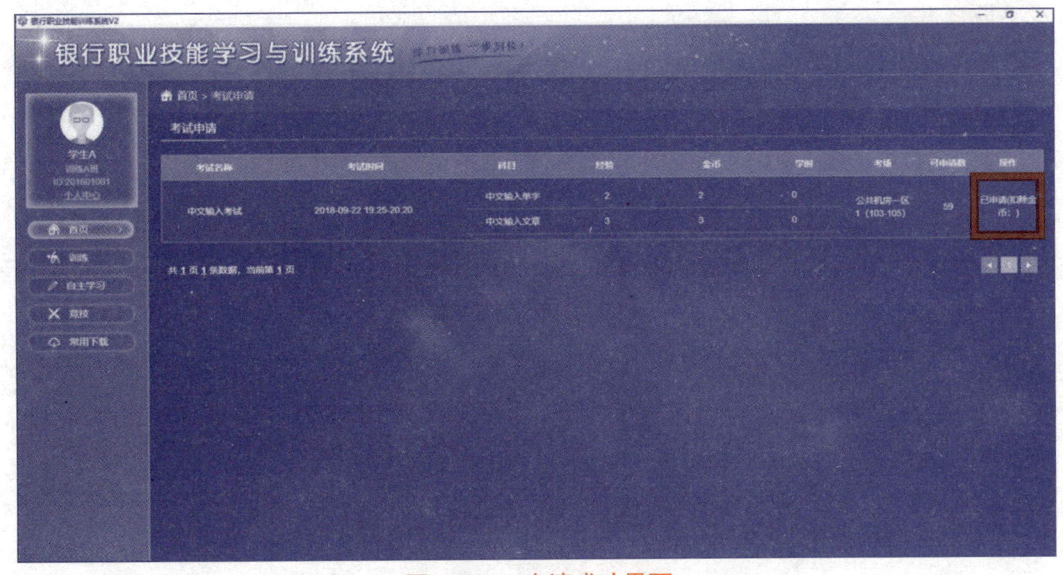

图 2-68　申请成功界面

银行职业技能学习与训练系统（汉字输入）的使用总结如图 2-69 所示。

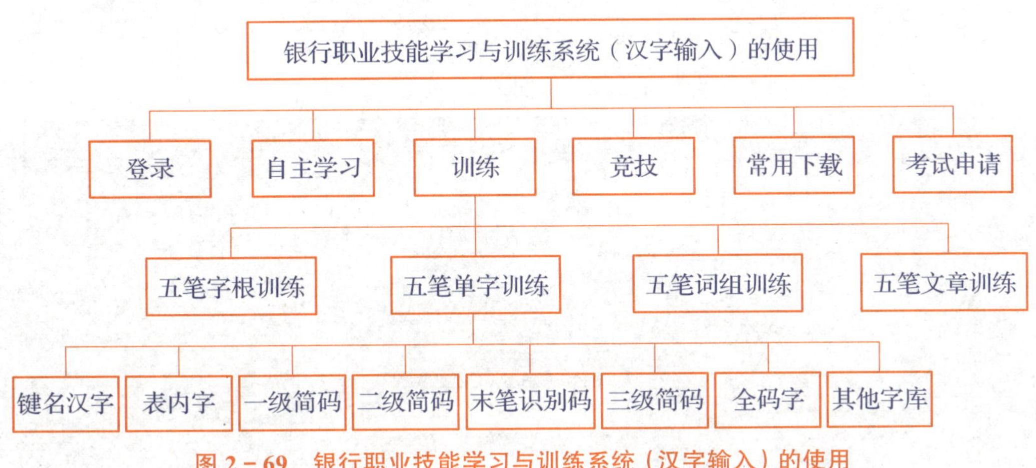

图 2-69　银行职业技能学习与训练系统（汉字输入）的使用

活动练习

运用银行职业技能学习与训练系统，使用五笔字型输入法，进行五笔字根、单字、词组和文章等内容的输入练习。

活动二　银行职业技能考核系统（汉字输入）的使用

活动目标

熟练运用银行职业技能考核系统进行汉字输入考核。

操作步骤

一、登录

（1）双击“银行职业技能考核系统”图标，如图 2－70 所示。

图 2－70　系统图标

（2）进入考核系统“用户登录”界面，如图 2－71 所示。

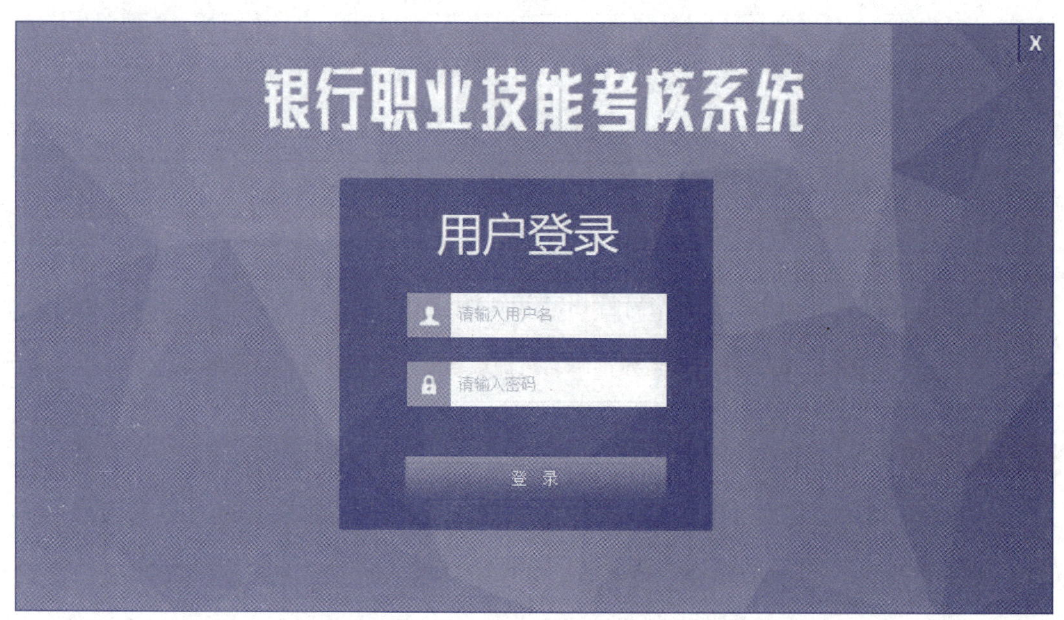

图 2－71　用户登录界面

（3）输入学号和密码，点击“登录”，如图 2－72 所示。

图 2－72　输入学号和密码

（4）登录考核系统后，根据系统提示流程进行现场照片拍摄的操作，作为现场的身份认证以及今后的身份核查，如图 2－73 所示。

图 2－73　身份验证界面

二、考核

（1）考生需要按照考核模块顺序依次进行，不得跳项。选择“中文输入单字”，点击“开始考试”，分别如图 2－74 至图 2－76 所示。

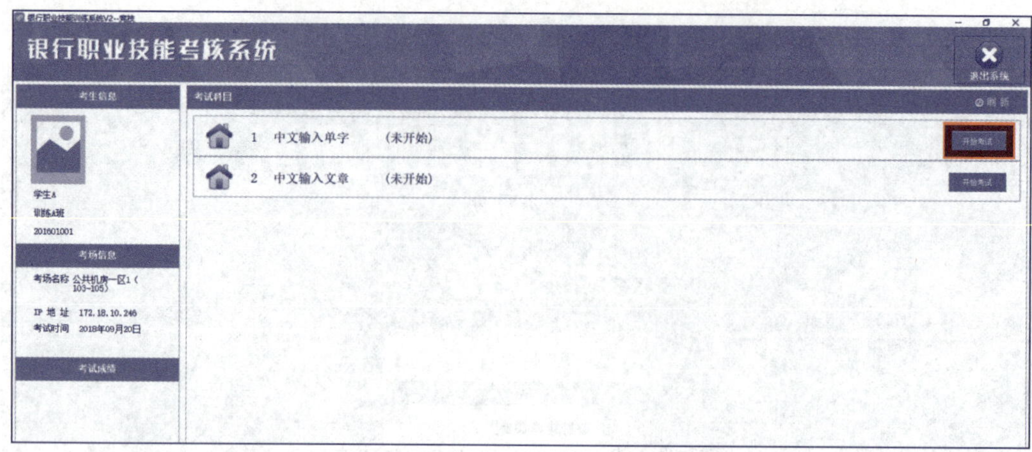

图 2－74 选择“中文输入单字”，点击“开始考试”

图 2－75 点击“开始考试”

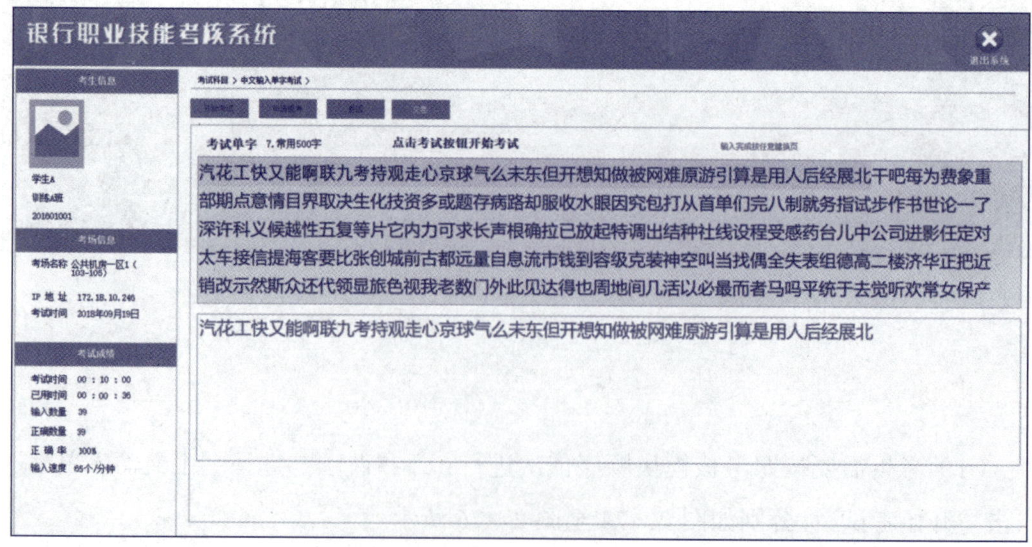

图 2－76 单字考试界面

（2）单字考试结束后，系统根据输入速度与准确率自动评定成绩，如图 2－77 所示。

图 2－77　单字考试结束界面

（3）完成单字考试后，点击“返回”并刷新界面，选择中文输入“文章”，点击“开始考试”，分别如图 2－78 至图 2－80 所示。

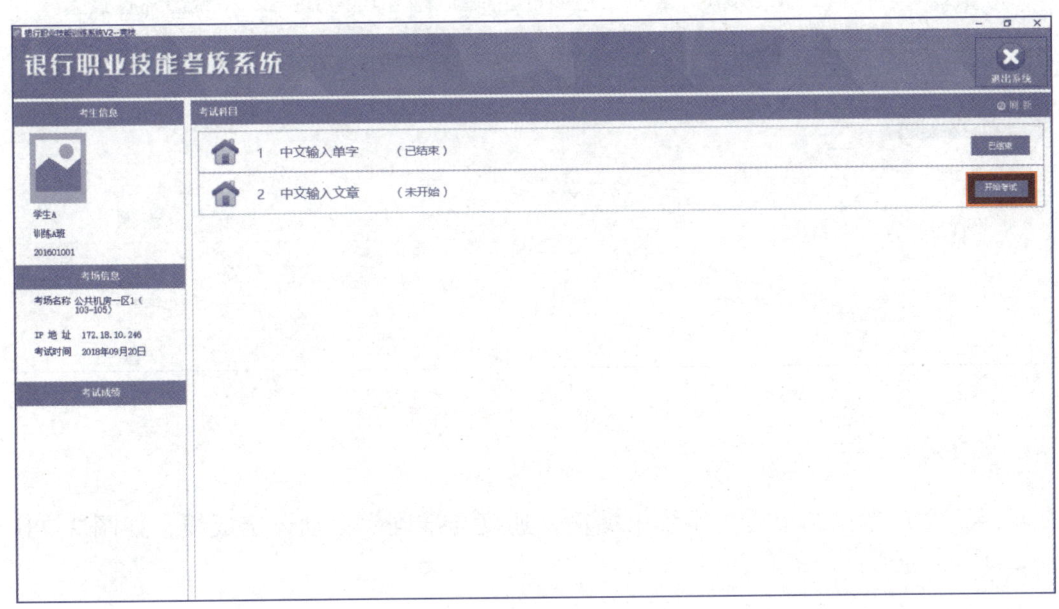

图 2－78　选择“中文输入文章”，点击“开始考试”

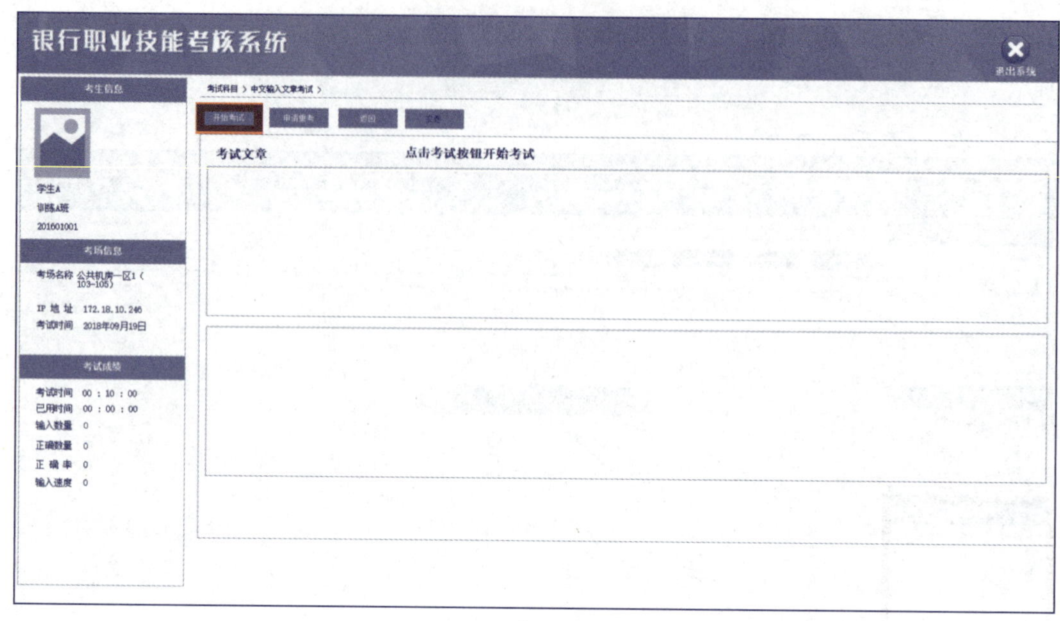

图 2－79　点击“开始考试”

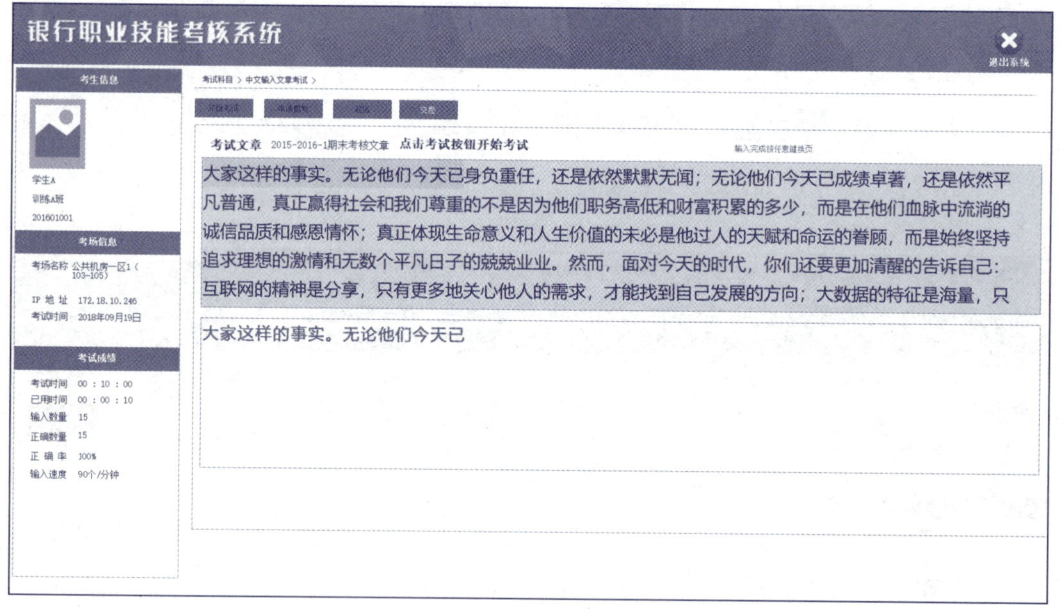

图 2－80　文章考试界面

（4）文章考试结束后，系统根据输入速度与准确率自动评定成绩，如图 2－81 所示。

图 2-81　文章考试结束界面

（5）考试模块全部结束后，点击首页左下角的“成绩查询”，可以查询自己的考试成绩，如图 2-82、图 2-83 所示。

图 2-82　点击“成绩查询”

三、申请重考

（1）由于系统故障或其他特殊原因无法继续考试，学生可以发起申请重考，如图 2-84 所示。

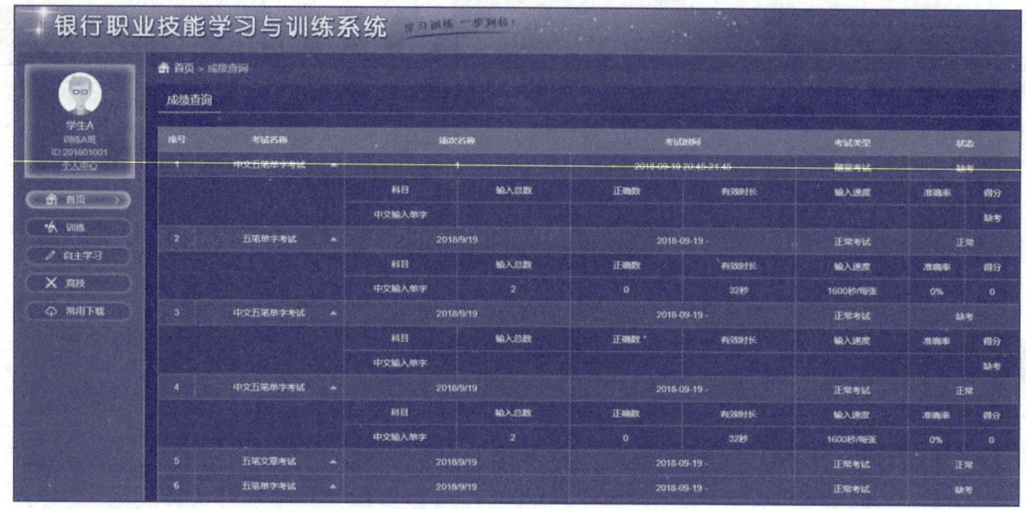

图 2－83　成绩查询界面

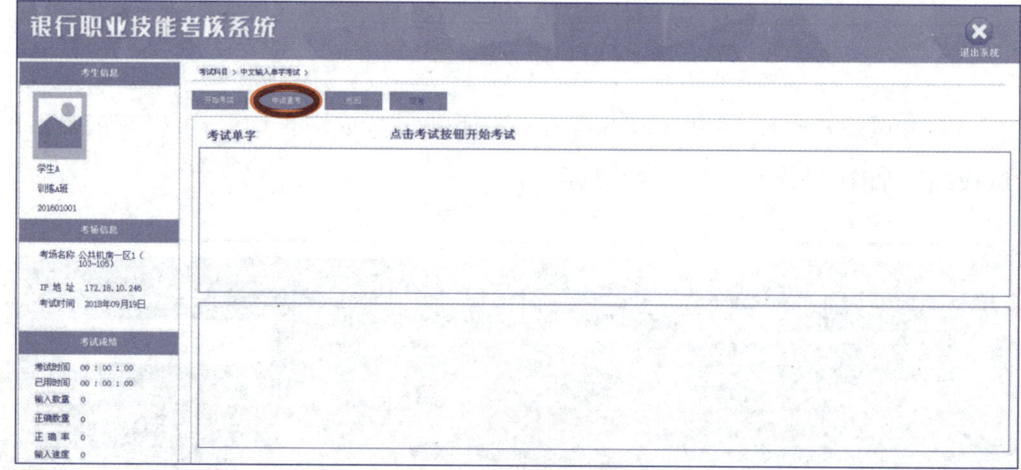

图 2－84　申请重考界面

（2）申请重考经老师同意后才可以重新考试，如图 2－85 所示。

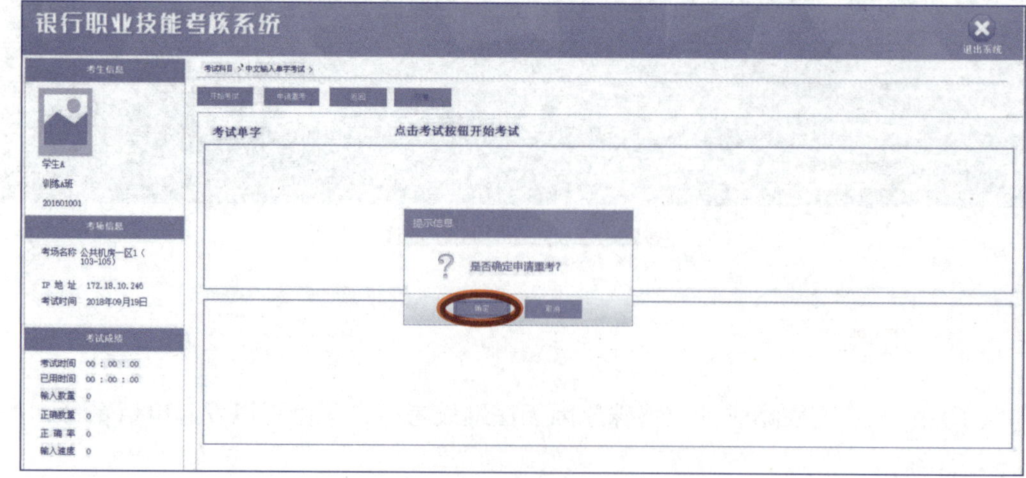

图 2－85　确定申请重考界面

考核时，系统默认输入方法为王码五笔字型输入法 86 版，操作者直接输入即可，不需要进行其他操作。操作者如果调整为其他输入方法，考核将被系统锁定。

活动练习

运用银行职业技能考核系统，使用五笔字型输入法，进行单字和文章的测试与考核。

项目小结

使用银行职业技能学习与训练系统进行五笔字型输入法练习，熟悉练习软件的使用界面和操控性，可以有效地提高单字和文章的输入速度和准确率。使用银行职业技能考核系统进行单字和文章的测试，可以提高使用者的考试适应性。

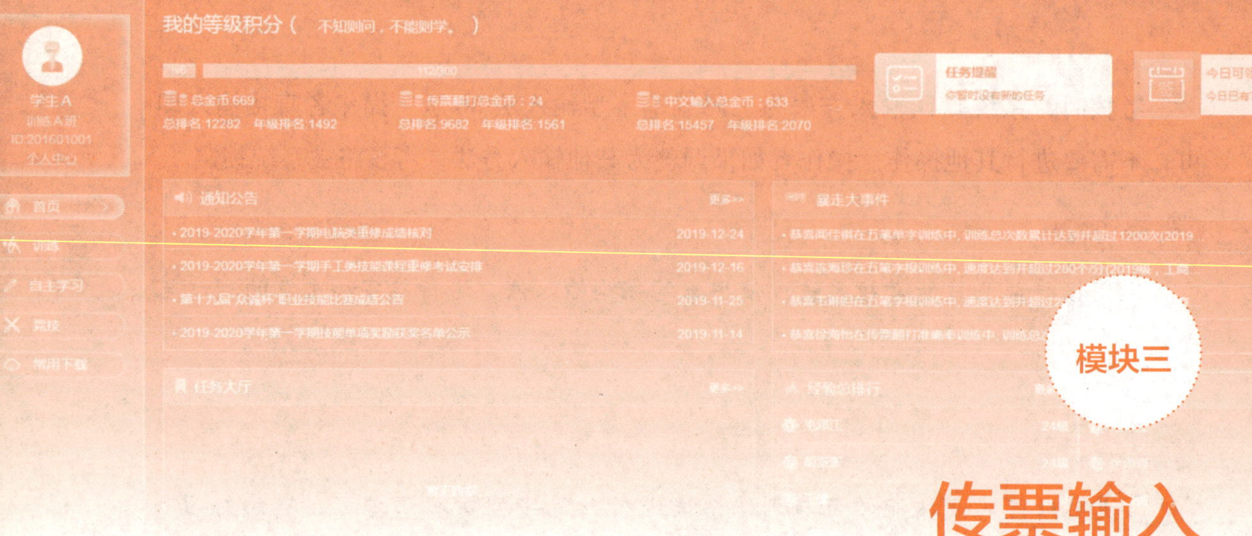

模块三

传票输入

知识目标

1. 掌握正确的指法和传票输入方法与技巧。

2. 熟悉银行职业技能学习与训练系统和银行职业技能考核系统中传票输入的操作流程。

能力目标

1. 运用正确的指法快速进行传票数据的盲打输入。

2. 熟练运用银行职业技能学习与训练系统和银行职业技能考核系统进行传票数据的练习和考核。

思政案例

钱升块是浙江金融职业学院会计专业的毕业生，现就职于温州苍南农商行。学生时期的他一直坚持进行电脑传票训练，成绩突出，传票速度达到 106 秒 / 百张，准确率 100%，曾荣获全国大学生银行业务技能大赛传票单项第一名。工作中的他专注和坚守，不断精进职业技能水平，努力提高工作效率和服务品质，被授予“温州市技术能手”“苍南县青年岗位能手”“苍南县职业技能带头人”等荣誉称号。

夯实传票指法基础，做个有心人。钱升块同学第一次接触传票是在大一技能开课之前，看着一个个数字在学长学姐们指尖快速输出，觉得非常有趣，他也尝试着练习，但因为没有学过专业的指法和翻页，速度非常慢。上完技能课了解了技能对提高银行业服务的重要性后，他坚定了学好技能的决心。在练习的过程中，他有自己的心得：练好传票一定要巩固指法，这对于速度和准确率的提升非常关键。当他碰到瓶颈的时候，会向老师、同学请教，也经常在机房里观察传票打得快的同学，留意这些同学左手翻页、右手击键的动作连贯性，感受他们的击键频率，启发和激励自己。

以“赛”促练，追求职业技能的完美和极致。在校期间和工作中，钱升块积极报名参加各类传票比赛，比赛的紧迫感很好地帮助他锻炼了心理素质，并在比赛中多次突破了自己的成绩。从校级比赛到全国技能大赛，从苍南县的技能比赛到温州市的比赛，钱升块慢慢悟出传票的准确率比速度更重要的道理，同时连贯性和节奏是提高传票速度的秘诀。他录制了自己翻打传票的视频，反复观看查找不足，发现手经常存在停顿、翻页不连续、思维没跟上等问题，这些失误的积累致使速度难以进一步提高。为了优化其中一个环节，他常常会花费大量的时间进行练习改进。

以目标为导向，在练习中寻找乐趣，收获成果。电脑传票是手、脑、眼三者的配合，能训练动作协调性和反应速度，提高灵敏度。钱升块把练习技能当作一种乐趣，给自己设立阶段性目标，当设定的目标达到的时候，他会收获满满的成就感，也有了继续突破的动力。精通所从事的职业，练就扎实的基本功，就是他服务客户和提升工作能力的动力和底气。

思政目标

通过“传票输入”的课程教学与实训，充分挖掘课程中所蕴含的思政元素。教师不仅要教会学生运用传票输入的方法，更要提升学生的思想素质和心理品质，激发学生学习和训练传票输入的主动性，培养学生积极的学习态度、正确的职业观和掌握必备的职业技能，让学生在技能学习、训练和提升的过程中锤炼和塑造执着专注的优秀品格与精益求精的工匠态度。

基础知识

电脑传票数据输入技术背景知识

传票输入技术主要是通过计算机、计算器等现代化工具对传票中的账号、金额、代码等各种数字进行输入，以便于进行金额、数量的统计或进行账务处理。在当今数字信息化时代，这一技能已经被广泛运用到实际生活中，从商场收银、会计记账到银行临柜业务等，凡是和数字有关的行业几乎都会用到这一技能。特别是银行会计部门，是电算化最普及的经济部门，各大银行都有一套非常强大的前后台的信息处理流程，银行柜面工作每天的业务量很大，在每天营业结束后都要进行轧账工作，要对各种单据进行汇总，因此，提升传票数据输入速度和准确率对提高工作效率起着非常重要的作用。

传票计算机输入是按照计算机处理程序的要求，输入传票上的数据来进行业务处理的技能。传票计算机输入的基本要素包括传票本、数字小键盘两部分。

一、传票本的构成

传票是银行会计凭证的简称，银行柜面的会计凭证大部分是单式凭证，因为在银行的业务处理过程中，凭证需要在各岗位之间进行传递，所以又称传票。由于业务的不同，传票本的设计有所不同，不管怎样，都不外乎账号或金额等数字内容，因此，根据这一特点我们设计了适合不同行业特别是银行业使用的传票本。

（一）传票本的规格

传票本采用长 19 厘米、宽 8 厘米的 40 克书写纸，小写用五号铅字、大写用小四号铅字印刷。

（二）传票本的构成

（1）采用散页的形式，每本 100 页。

（2）每页主要包括小写数字和大写数字两部分。

（3）0 ～ 9 字码和零～玖大写数字均衡出现。

（4）小写数据中，各行数据从第 1 页至第 100 页共为 625 个字数，其中 4 个字数的为 10 页、5 个字数的为 15 页、6 个字数的为 35 页、7 个字数的为 25 页、8 个字数的为 10 页、9 个字数的为 5 页。

（5）大写金额中，百万位 5 页、十万位 10 页、万位 25 页、千位 35 页、百位 15 页、十位 10 页。

（三）传票样本张

传票样本张如图 3－1 所示。

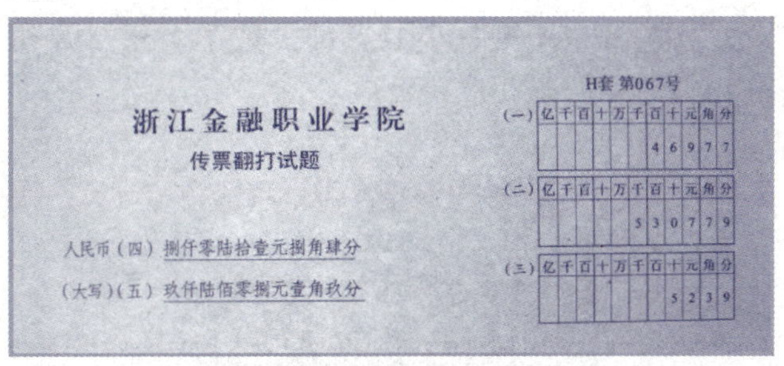

H套 第067号

浙江金融职业学院

传票翻打试题

	亿	千	百	十	万	千	百	十	元	角	分
（一）							4	6	9	7	7
（二）						5	3	0	7	7	9
（三）								5	2	3	9

人民币（四）捌仟零陆拾壹元捌角肆分

（大写）（五）玖仟陆佰零捌元壹角玖分

图 3－1　传票样本张

（1）右边三行为小写数字。

（2）左下方两行为大写数字。

（3）右上角为该张传票的套别和页码。

除此之外，为了与大多数银行使用的传票本一致，我们把传票本 A ～ H 套用小写数字整合为四本，如图 3－2 所示，一本传票左右两边各一套，如图 3－3 所示。

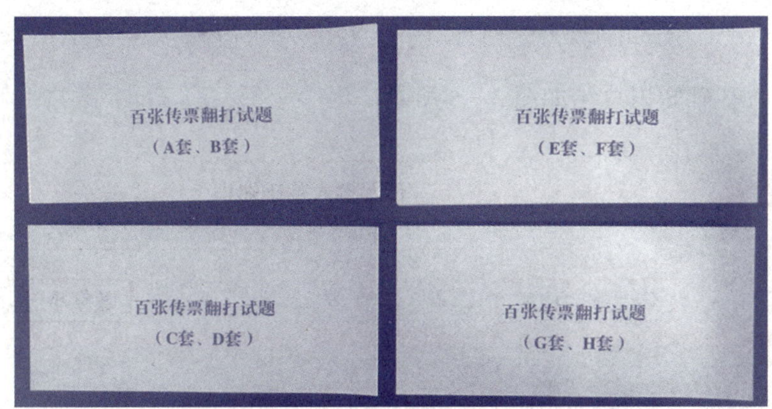

图 3－2　传票本

F 第46页

（一）7,870,043.70

（二）13,611.89

（三）76,028.77

（四）81,379.77

（五）4,163.69

E 第46页

（一）721,705.25

（二）975.56

（三）568.61

（四）16,244.79

（五）97,087.10

图 3－3　传票样本张

二、数字小键盘介绍

传票上的数据通过计算机键盘右半部分的数字小键盘来输入，小键盘由四则运算符号“+、-、*、/”键，Enter 键，小数点键，数字 1 ～ 9 键和 NumLock 数字指示键五部分组成，如图 3-4 所示。

图 3-4　数字小键盘

传票输入基础知识总结如图 3-5 所示。

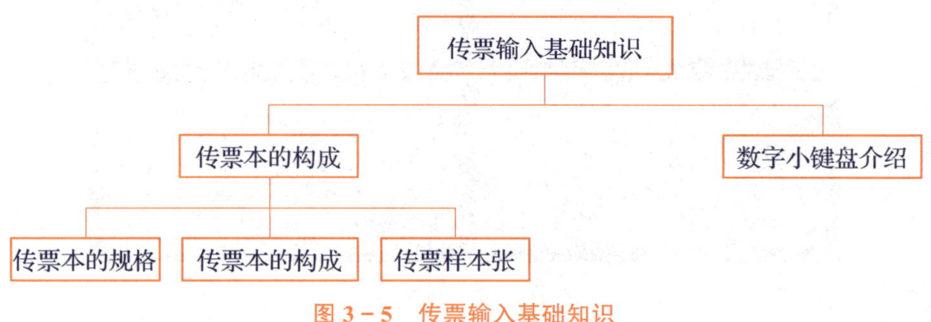

图 3-5　传票输入基础知识

项目一 传票数据计算机输入

传票计算机输入的基本方法包括传票本的翻页、小写数据输入和大写数据输入等几部分，同时根据传票本的设计和数字小键盘的位置，操作时左手翻传票、右手按键输入数字。

基础知识

一、传票本的翻页

传票计算机输入需要通过翻页把传票本上的数字进行逐张输入，翻页的过程对数字输入的速度和准确率来说非常重要。具体操作如下。

（一）打扇形

先把传票本墩齐。为了方便翻页，应根据输入数据在传票本上的位置，将传票本捻成一定的扇形。如果输入小写数据，则扇形要沿右下角打开，如图 3－6 所示。如果输入大写金额数据，扇形就要按上下方向打开，如图 3－7 所示。

扫码请看

传票的整理方法

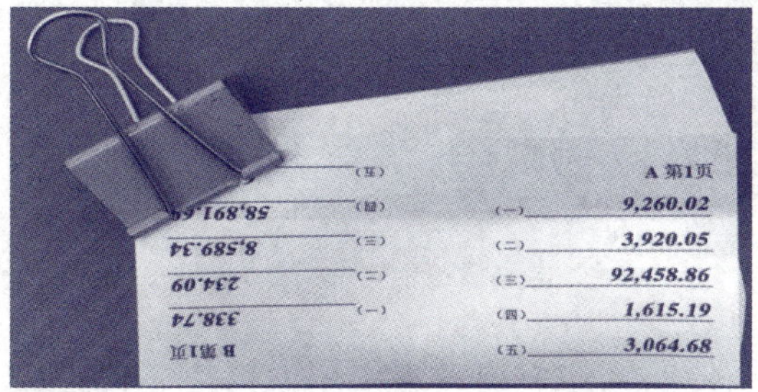

图 3－6　扇形沿右下角打开

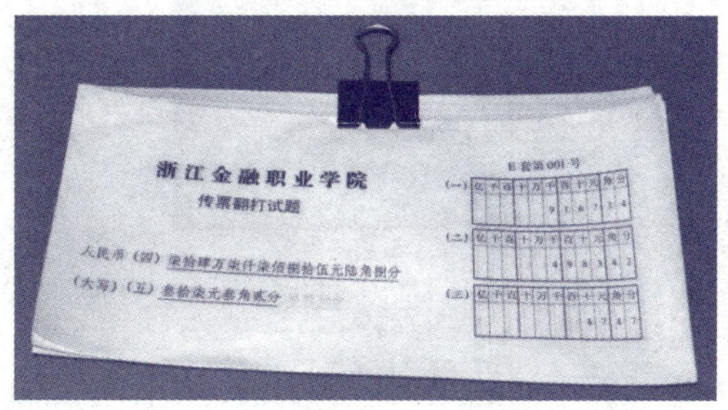

图 3－7　扇形按上下方向打开

打扇形的方法：

（1）左、右两手先轻轻捏住传票左、右两端或轻轻捏住传票上、下两端，要求拇指在上，其余四指在下，为捻扇形做准备。

（2）用右手轻捏传票，并将传票右上角以右手大拇指为轴向怀内翻卷，如图 3－8、图 3－9 所示，翻卷后左手随即捏紧，右手放开；重复上述动作，直到把传票捻成幅宽适当、票页均匀的扇形。

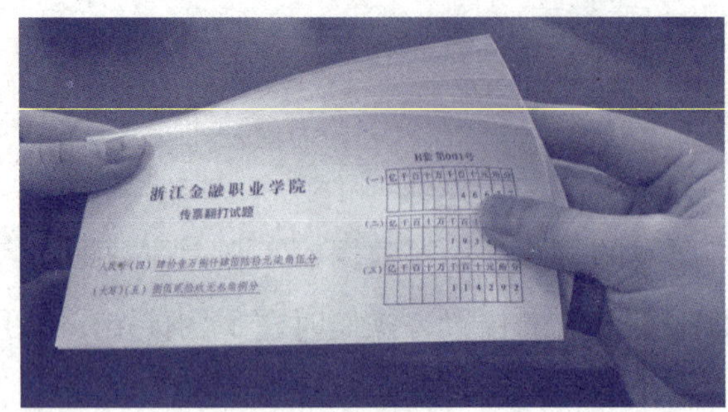

图 3－8　捻扇形（1）

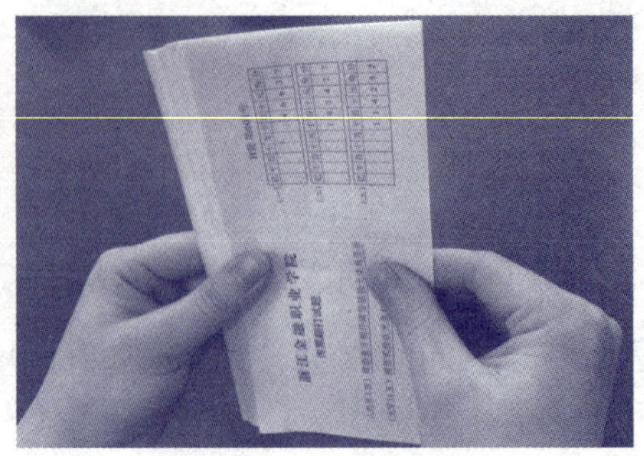

图 3－9　捻扇形（2）

（3）用夹子夹住传票的左上角或上端，把扇形固定下来，也可用一个小夹子夹在传票本的最后一页，便于翻页。

（二）翻页

以小写数据输入为例，传票捏成扇形后，左手的小指、无名指和中指自然弯曲压在传票中间，其余二指自然伸开做好翻页准备；然后，用大拇指进行翻页，如图 3－10 所示，并将已输入完毕的传票页推送至食指和中指之间并夹住，大拇指做好下一页的翻页准备，如图 3－11 所示。

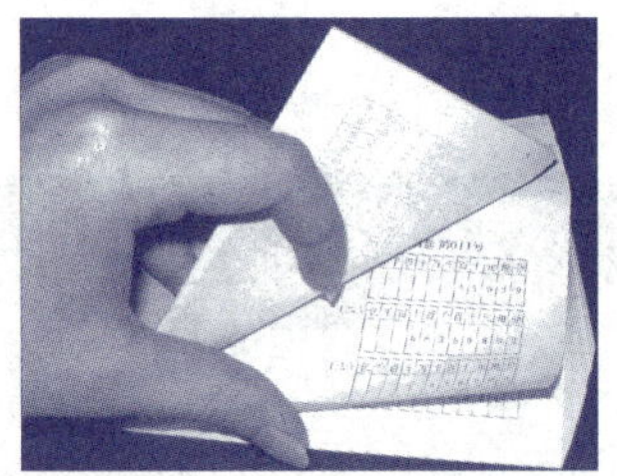

图 3－10　翻页（1）

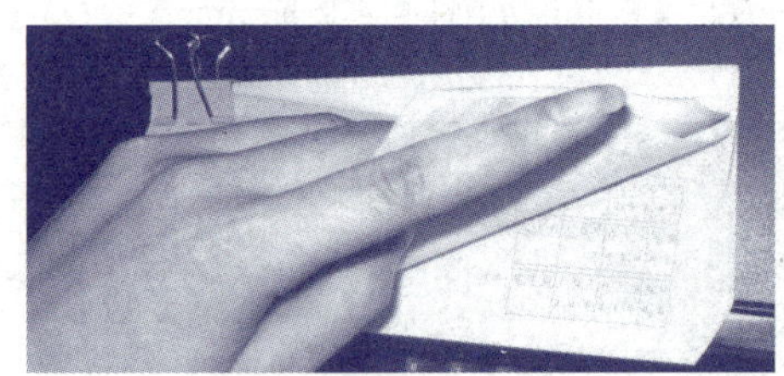

图 3－11　翻页（2）

注意：翻页时，要用大拇指的指腹去掀传票页的刃边，不要用大拇指、食指搓捏票页，翻页的角度不宜过大，以能看清楚数据为宜。为了方便翻页，可放一海绵缸在键盘左上角，以备湿润手指之用。

二、小写数据输入

传票本中的小写数字从 0 ～ 9 均衡分布于每一页中，倒数二位是角分位，根据系统要求角分位前可以输入或不输入小数点，一组

数据输入完毕后按回车键转换到下一页。小写数据输入是指把小写数字直接输入电脑的过程，数字输入中使用正确的指法对于提高输入速度和准确率有很大的帮助，因此我们必须遵循正确的指法进行操作，以达到快速高效的输入目的。

数字输入的指法为：右手在小键盘上自然张开，食指、中指和无名指分别轻放在“4”“5”“6”三个基准键位上，大拇指略向内弯曲，置于“0”键上方，小拇指在回车键上方，中指可以感觉到“5”键位上突起，这是用来定位的。

手指具体分工如下：

（1）食指负责输入“1”“4”“7”键。

（2）中指负责输入“2”“5”“8”键。

（3）无名指负责输入“3”“6”“9”键和小数点键。

（4）大拇指负责输入“0”键。

（5）小拇指负责输入“Enter”键。

扫码请看

手指分工

三、大写数据输入

（一）大写数字

人民币金额要求用大写汉字规范书写，不能以小写数字替代，更不能乱造简化数字。大写数据输入正是针对实际工作中的大写金额数字输入而设的。正确的大写金额数字包括以下汉字：壹、贰、叁、肆、伍、陆、柒、捌、玖、拾、佰、仟、万、元、角、分、零、整（正）。

（二）大写数据的输入

大写数据输入的指法与小写数据输入相同，关键在于先把大写金额数据转换成小写数据，然后输入电脑。

（1）在大写金额中没有出现“零”的情况下，只要将大写数据转换成小写数据输入即可。例如：人民币肆仟贰佰叁拾捌元陆角壹分，则可以直接转换成小写金额数据 4 238.63。为加快输入速度，要求在输入时边转换边输入，不能把数据全部转换好再输入。

（2）由于小写金额中间连续有几个“0”时，大写金额中只需写一个“零”字，因此，在输入大写数据的过程中要特别注意“零”的处理，通过“零”字前后数字的金额单位来输入“0”的个数。例如：人民币叁仟零陆元零贰分，我们可以通过金额单位“仟”和“元”中间缺“百”和“拾”来判定“3”和“6”之间应该输入两个“0”，而“元”和“分”之间缺“角”来判定“6”和“2”之间应该输入一个“0”，因此，转换成小写金额数字应为 3 006.02。

注意事项：

（1）培养正确的输入习惯，输入过程中保证坐姿的端正、自然，指法正确。操作前要选择高度合适的桌子和椅子，特别是键盘的高度以坐端正后手臂能自然抬起的位置为准，坐端正后右手自然放置的位置就是数字小键盘的位置。手指摆放方向偏差，会造成输入过程中右手的上下运动而导致击键位置的偏离，如图 3 - 12 所示，造成这一问题的主要原因是操作者将键盘靠中间摆放导致位置不合理。修正方法是将键盘放置在身体的右侧，使手臂、手腕和手指处于放松状态，和数字小键盘保持同一水平位置，如图 3 - 13 所示。

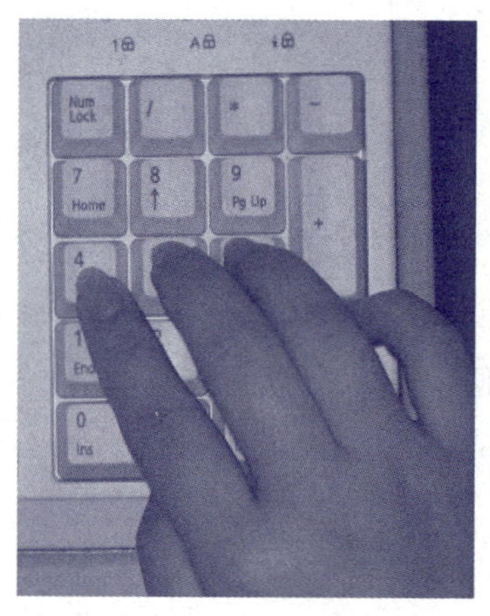

图 3 - 12　错误摆放

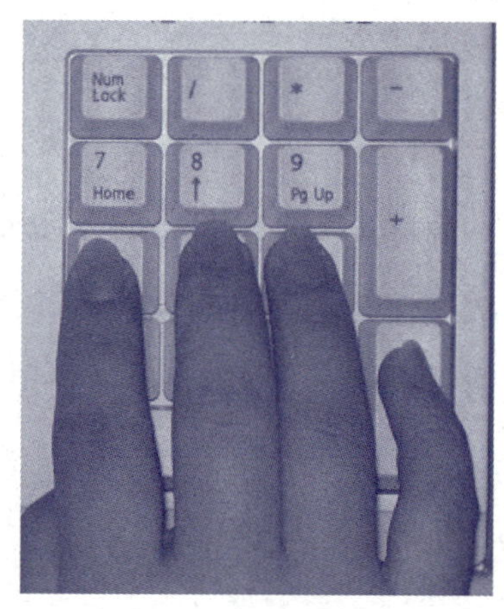

图 3 - 13　正确摆放

（2）输入时要注意“轻点快弹”，即要用指尖按键，切忌用指面按键。传票应放置在座位正前方桌面上，尽量不要放置在键盘上面，避免输入其他字符。

（3）初学时，在输入一页数字后，手指要马上回到基准键上，这样有利于熟悉数字之间的位置间隔，防止输入错误。

（4）数据输入过程中，必须强调手、脑、眼的协调配合。大脑的注意力和视线要集中在传票数据上，除非意识到输入错误需要确认时才去看电脑屏幕，键盘尽可能不看。左、右手要协调配合，同时操作，右手输入数据要掌握节奏，连贯不停顿；当前传票页数据输入还剩两个数字的时候，左手就准备翻到下一张传票，而不能等右手输入完成后才开始翻页。

传票数据计算机输入总结如图 3－14 所示。

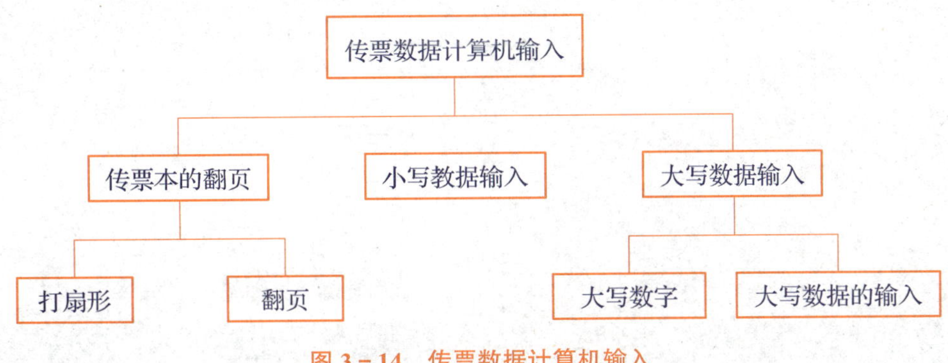

图 3－14　传票数据计算机输入

活动一　银行职业技能学习与训练系统（传票输入）的使用

活动目标

熟悉银行职业技能学习与训练系统的操作步骤，运用该系统进行传票输入自主学习，熟练传票速度训练、传票定张训练、传票指法训练、传票定时训练和传票准确率训练方式，了解电脑传票在线竞技趣味模式，并能够利用该系统申请电脑传票输入考试。

操作步骤

扫码请看

传票数据输入训练系统介绍

一、登录

（1）双击银行职业技能学习与训练系统图标，如图 3－15 所示。

图 3－15　银行职业技能学习与训练系统图标

（2）进入用户登录界面，如图 3－16 所示。

图 3－16 用户登录界面

（3）输入学号和密码，点击登录，如图 3－17 所示。

图 3－17 输入学号和密码

（4）进入首页，可见等级积分、通知公告、任务大厅、申请考试、签到、暴走大事件、经验排行、金币排行等栏目，如图 3－18 所示。

（5）点击首页右上角的“签”图标，进入签到界面，如图 3－19 所示。

（6）点击“签到”，屏幕提示“任意有效训练 10min 即可签到”，如图 3－20 所示。

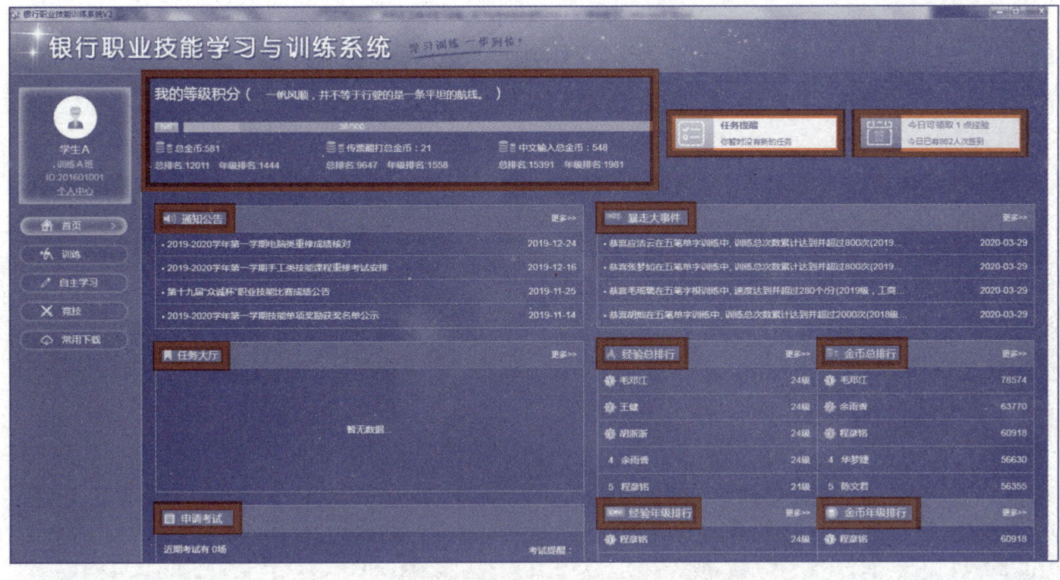

图 3－18 银行职业技能学习与训练系统首页

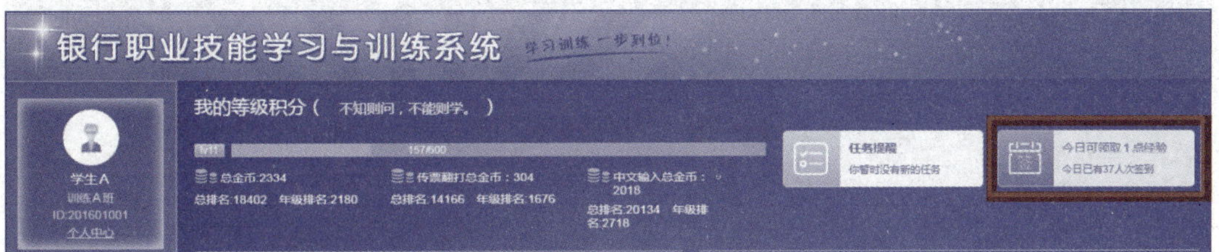

图 3－19 点击“签”图标

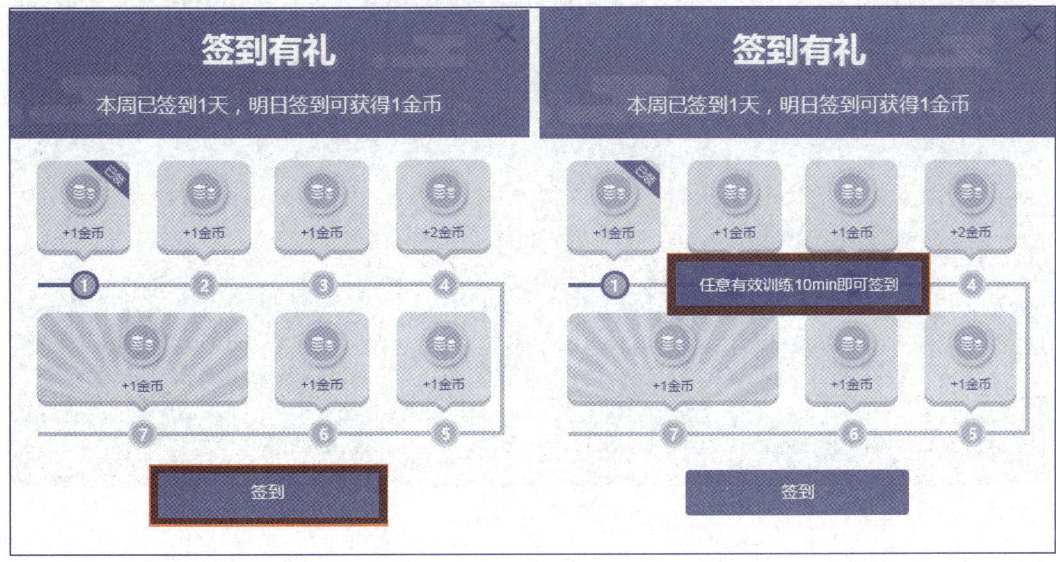

图 3－20 “签到有礼”界面

二、自主学习

（1）选择“自主学习”，如图 3－21 所示。

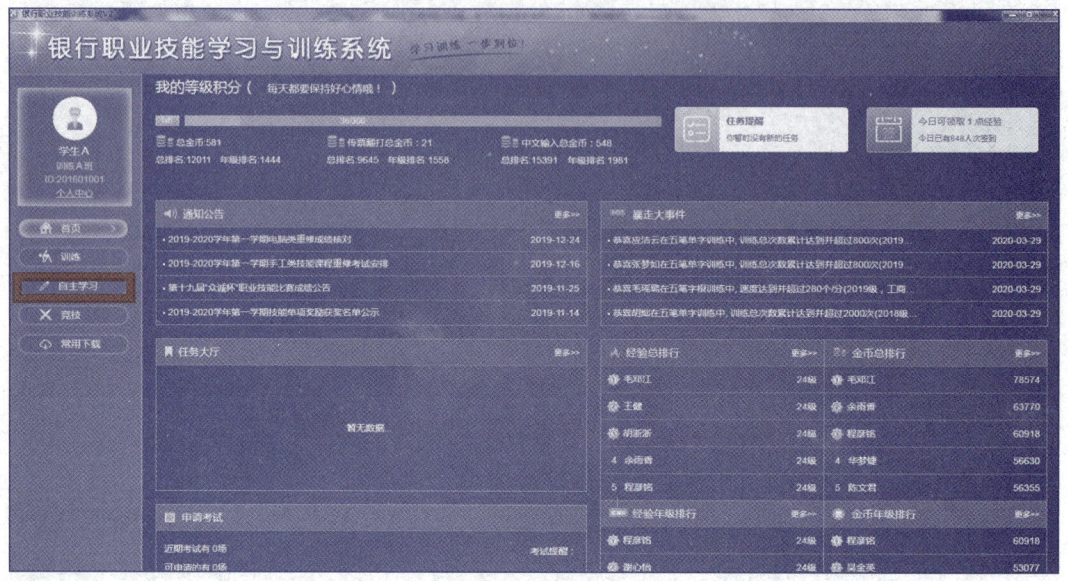

图 3－21 “自主学习”界面

（2）选择“翻打传票”，进入传票输入学习界面，如图 3－22 所示。

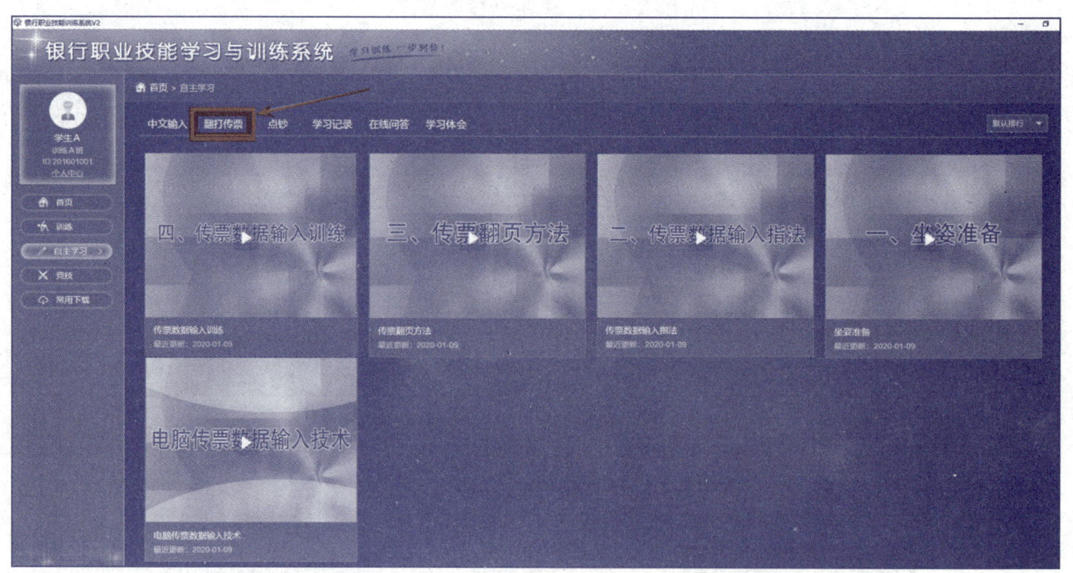

图 3－22 选择“翻打传票”

（3）学习内容包括坐姿准备、传票数据输入指法、传票翻页方法、传票数据输入训练和电脑传票数据输入技术等模块，选择需要学习的内容，如图 3－23 所示。

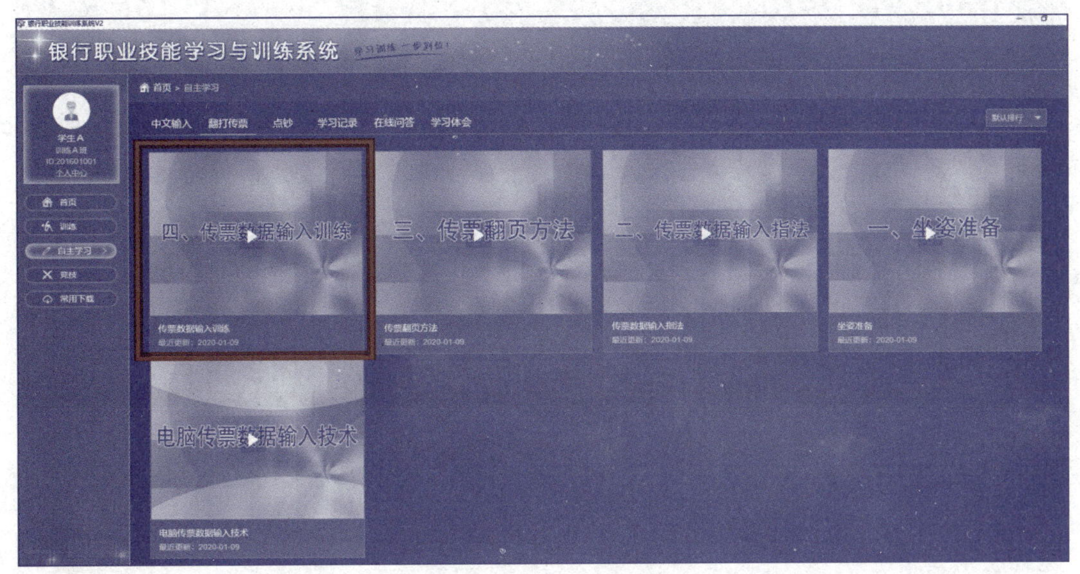

图 3－23　选择学习内容

（4）点击“播放”开始学习，如图 3－24 所示。

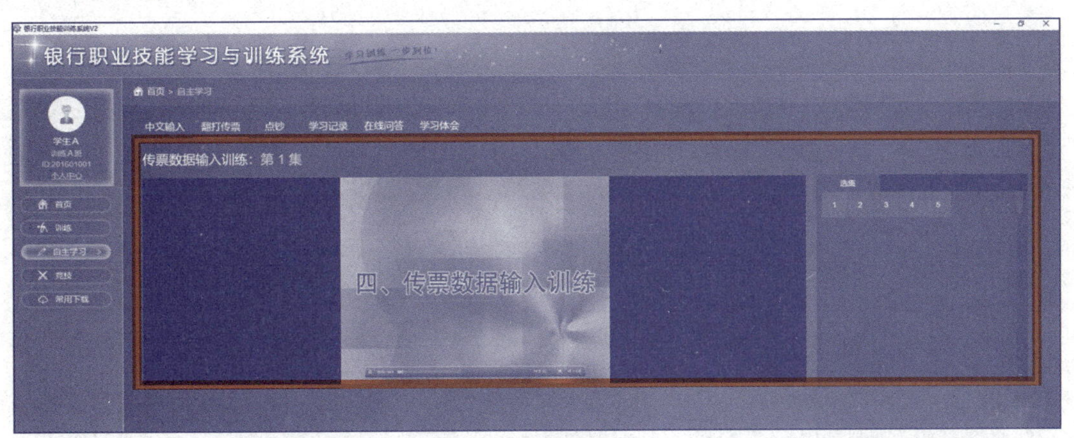

图 3－24　开始学习

三、训练

点击“训练”，选择“翻打传票训练”，可以看到下设“传票速度训练”“传票定张训练”“传票指法训练”“传票定时训练”“传票准确率训练”五项内容。如

图 3－25 所示。

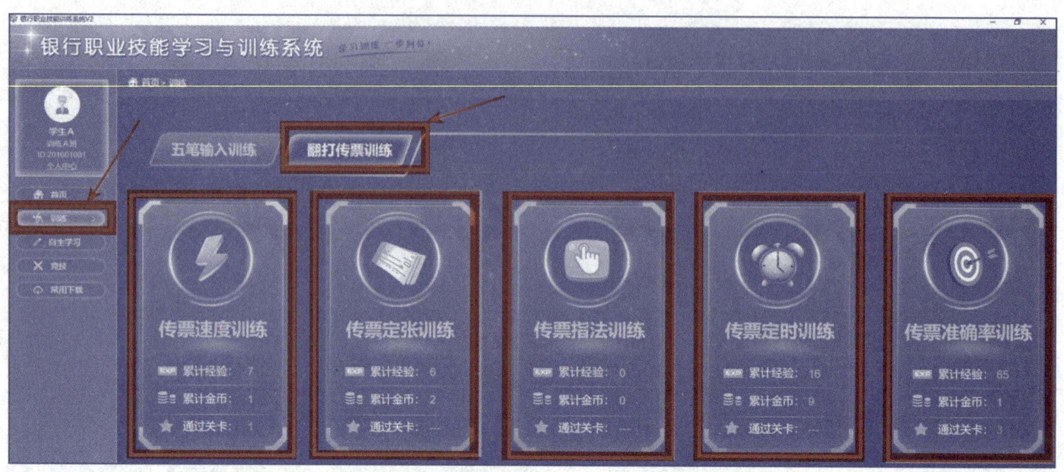

图 3－25　传票输入训练界面

（一）传票速度训练

（1）选择“传票速度训练”，点击“开始训练”，如图 3－26 所示。

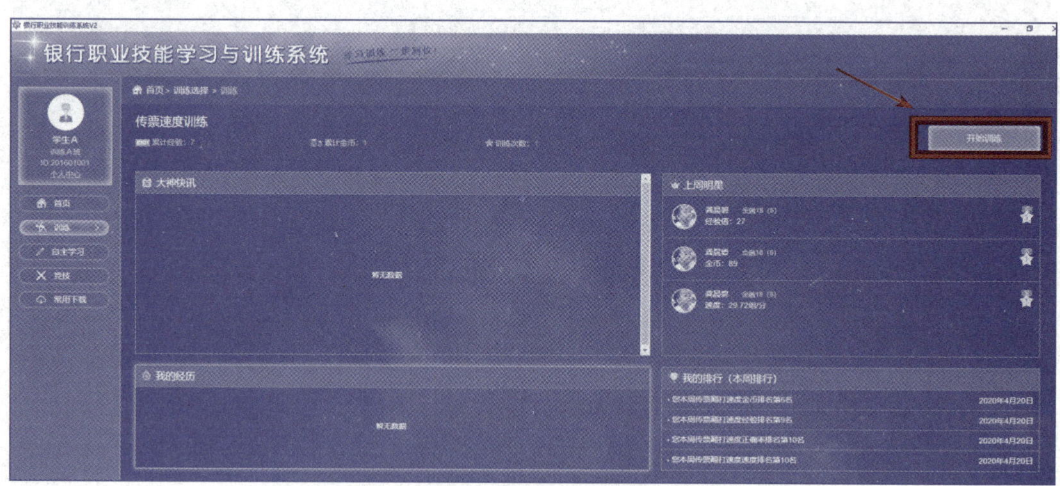

图 3－26　传票速度训练

（2）设置参数后，点击“开始训练”，倒计时 3 秒后开始训练，界面左侧显示训练成绩，如图 3－27、图 3－28 所示。

图 3-27　速度训练界面 1

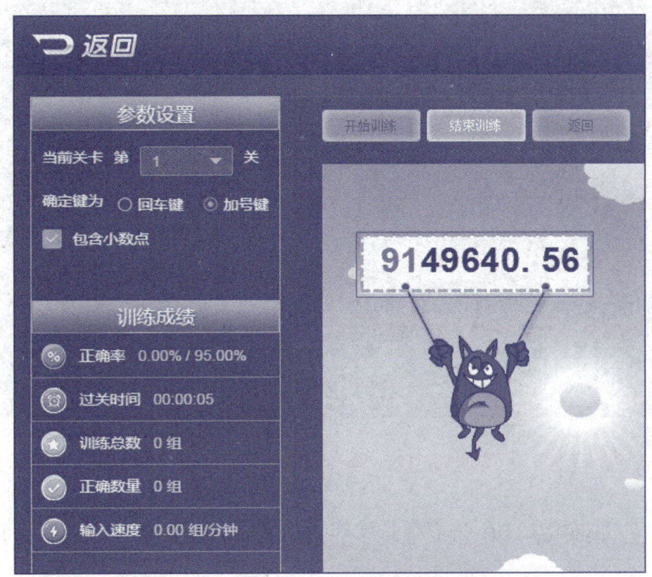

图 3-28　速度训练界面 2

（3）准确率达 95.00% 即为过关，训练结束，系统显示本次训练成绩、所得经验值和金币数，训练失败则金币数为 0，两种训练结果如图 3-29、图 3-30 所示。

（二）传票定张训练

（1）选择“传票定张训练”，点击“开始训练”，在“传票定张训练”界面设置参数后，选择“开始训练”，倒计时 3 秒后开始训练，界面左侧显示训练成绩，如图 3-31 所示。

图 3-29　训练胜利

图 3-30　训练失败

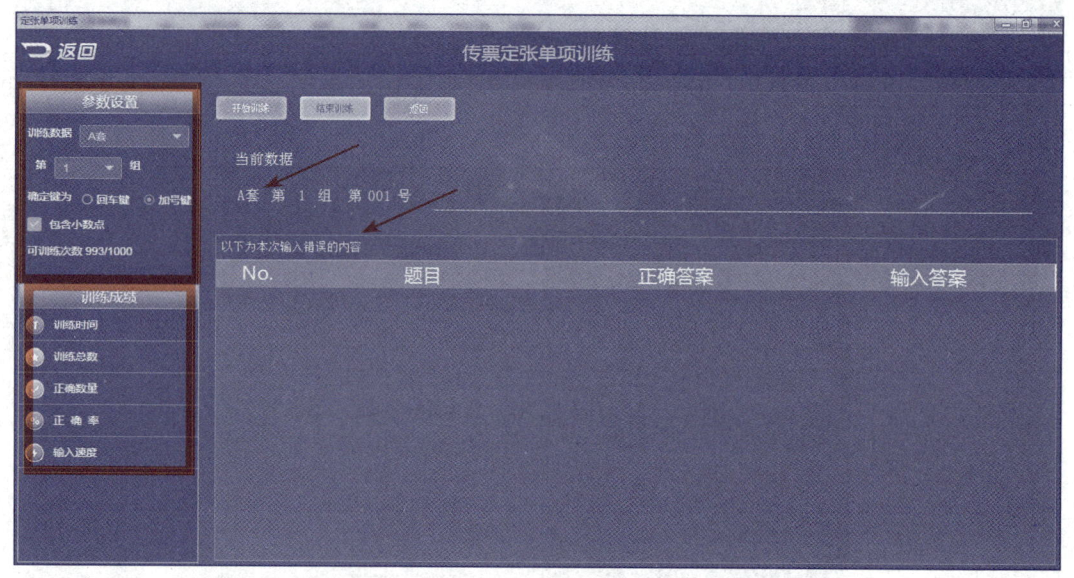

图 3-31　传票定张单项训练

（2）传票定张训练以 100 张传票为基准，A 套第 1 组 001 号，则表示从 A 套的第 001 张开始，依次输入每张传票的第 1 组数据，直至输入完第 100 号的第 1 组数据为止，在准确无误的前提下，所用的时间越少则成绩越好。

（三）传票指法训练

（1）选择“传票指法训练”，点击“开始训练”，在“传票定张训练”界面设置参数后，选择“开始训练”，倒计时 3 秒后开始训练，界面正中间显示输入数据，左侧显示训练成绩，如图 3-32 所示。

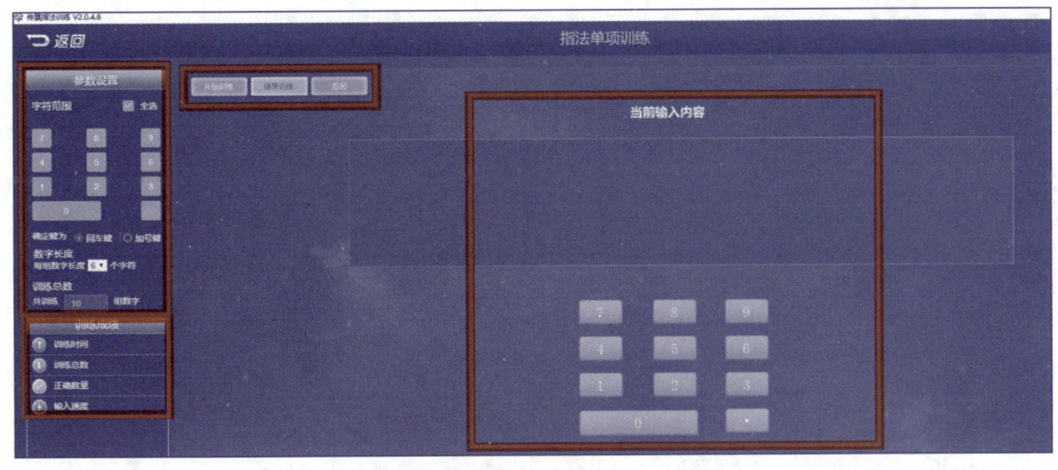

图 3-32　传票指法单项训练

（2）训练结束后，系统自动计算本次训练成绩、所得经验值和金币数，若训练失败则金币数为 0。

（四）传票定时训练

（1）选择“传票定时训练”，点击“开始训练”，在“传票定时训练”界面设置参数后，选择“开始训练”，倒计时 3 秒后开始训练，界面左侧显示训练成绩，如图 3-33 所示。

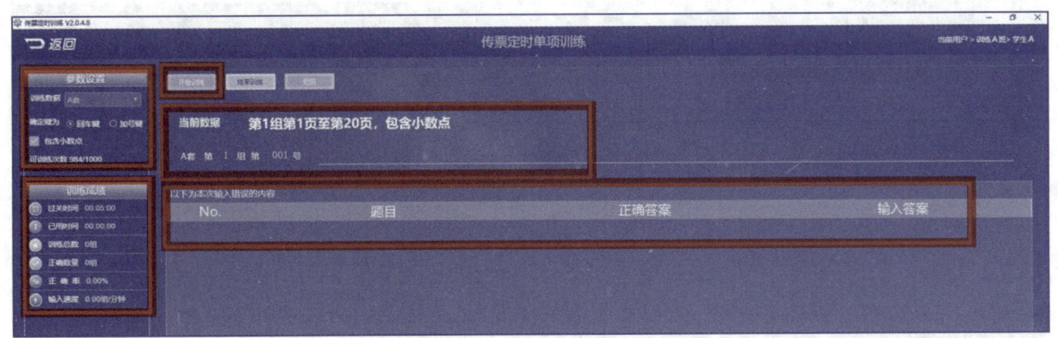

图 3-33　传票定时单项训练

（2）定时单项训练在保证准确率的前提下，在规定时间内输入传票的张数越多则成绩越好，一般设定时间为 300 秒。

（五）传票准确率训练

（1）选择“传票准确率训练”，点击“开始训练”，在“传票准确率训练”界面设置参数后，选择“开始训练”，倒计时 3 秒后开始训练，界面正中间显示输入数据，左侧显示训练成绩，如图 3-34 所示。

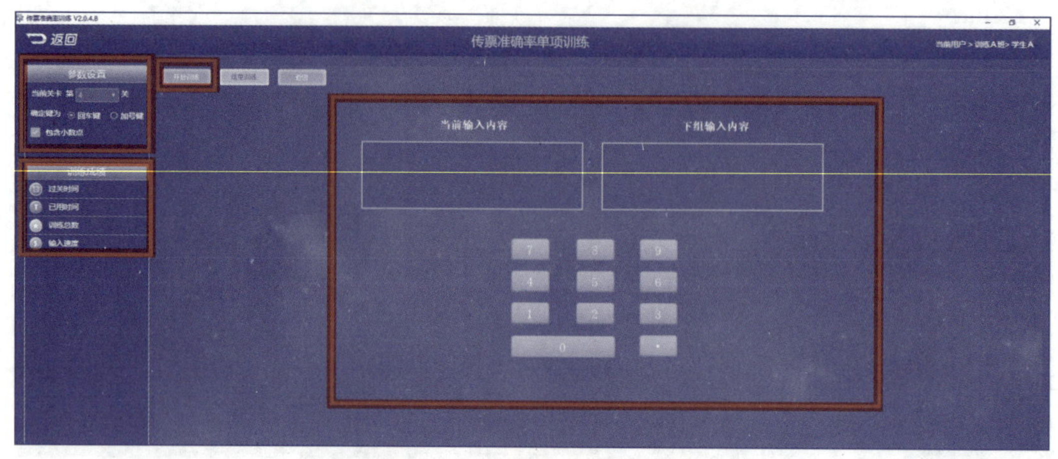

图 3-34　传票准确率单项训练

（2）在 360 秒时间内，正确输入 100 组数据即为过关。训练结束后，系统显示本次训练成绩、所得经验值和金币数，若训练失败则金币数为 0，两种训练结果如图 3-29、图 3-30 所示。

四、竞技

（1）点击首页的“竞技”，进入竞技界面，如图 3-35 所示。

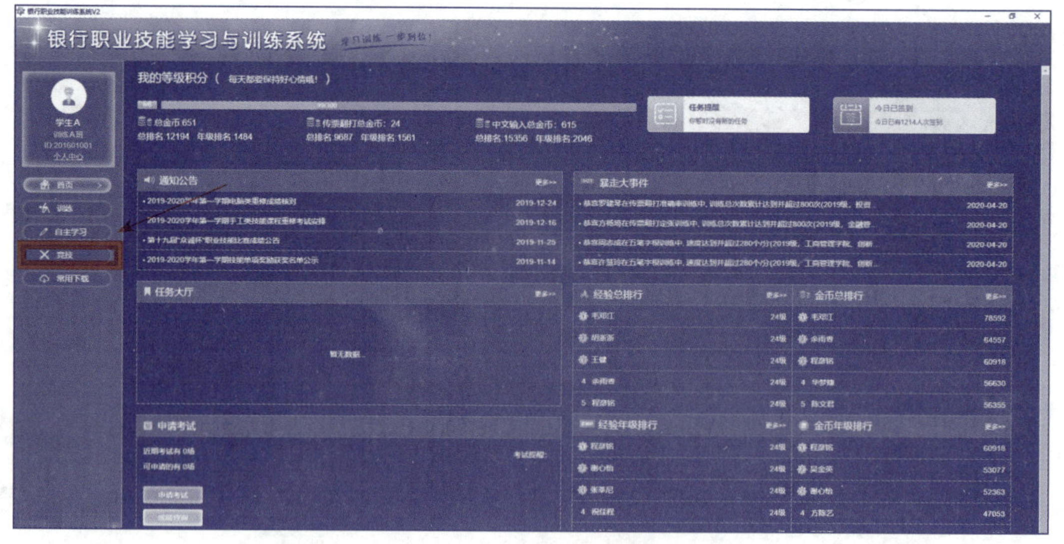

图 3-35　选择竞技

（2）选择竞技模块：“传票准确率训练”或“传票速度训练”，点击“快速开始”，如图 3-36 所示。

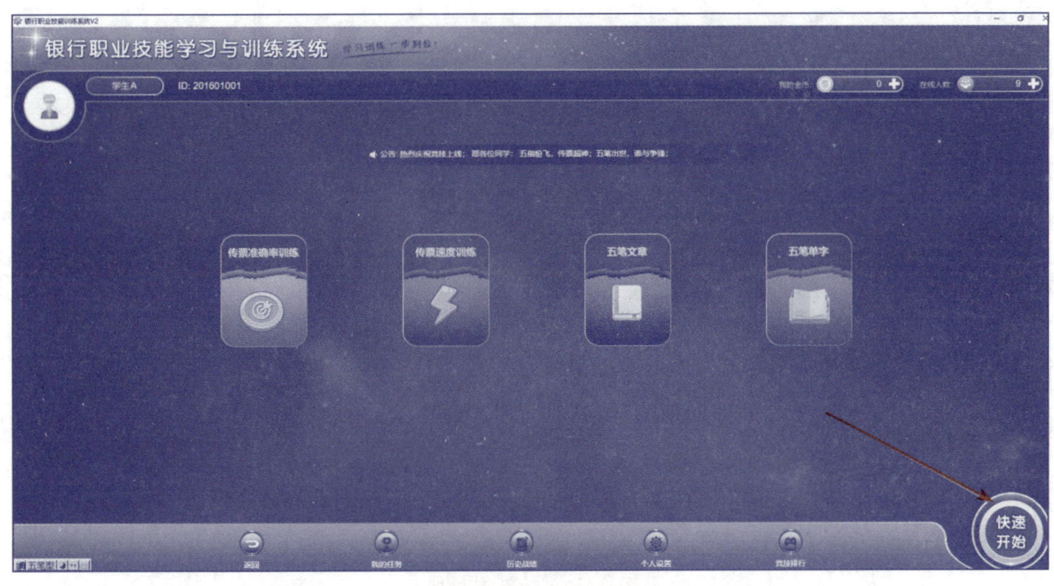

图 3－36　竞技界面

（3）系统自动匹配竞技对手，如图 3－37 所示。

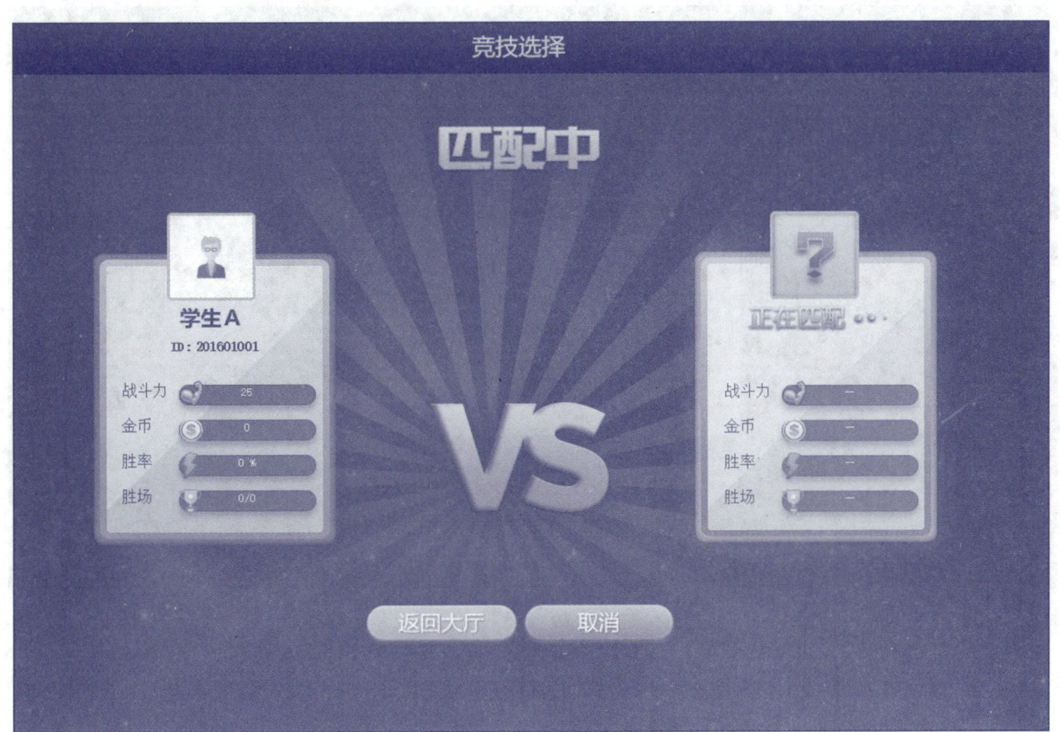

图 3－37　匹配竞技对手

（4）匹配成功后竞技对战，如图 3－38 所示。

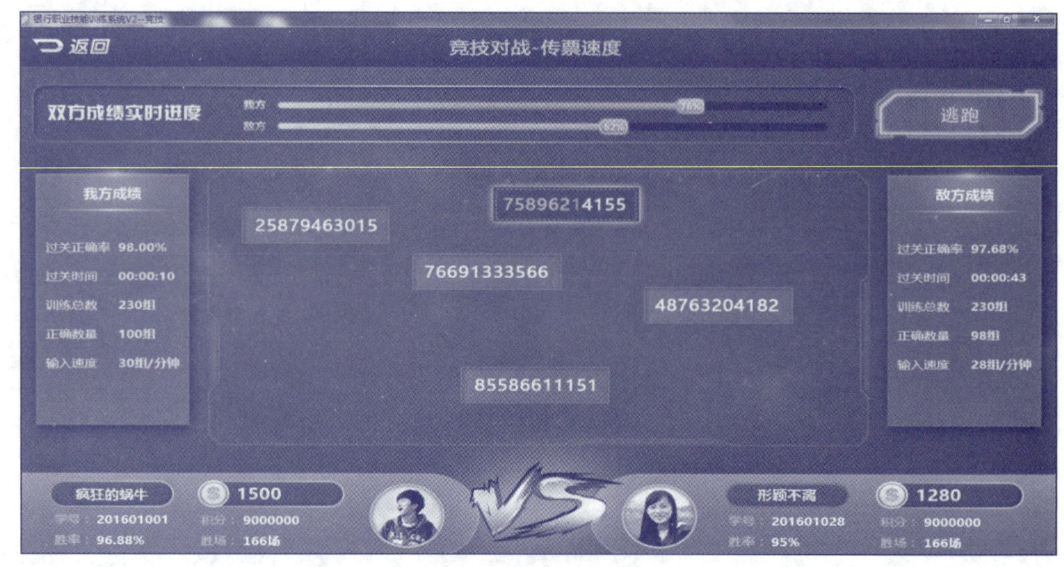

图 3－38　竞技对战

（5）竞技结束后，系统自动显示竞技结果，如图 3－39 所示。

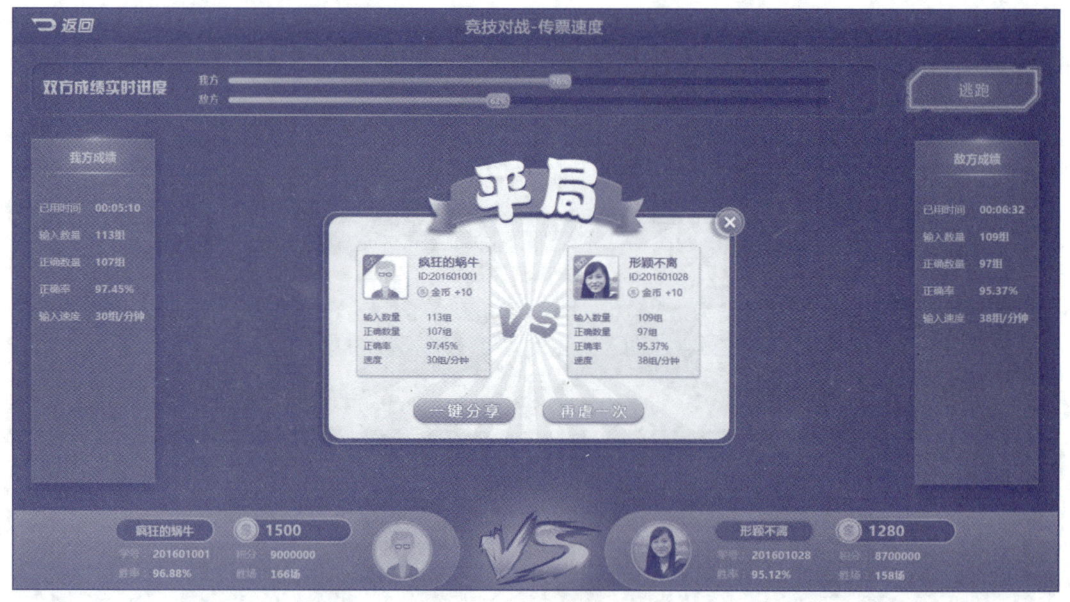

图 3－39　竞技结果

（6）点击“在线用户列表”，可以查看在线人数和用户姓名、学号、战力、胜率等信息，如图 3－40 所示。

（7）点击“竞技排行榜”，可以查看竞技排行，如图 3－41 所示。

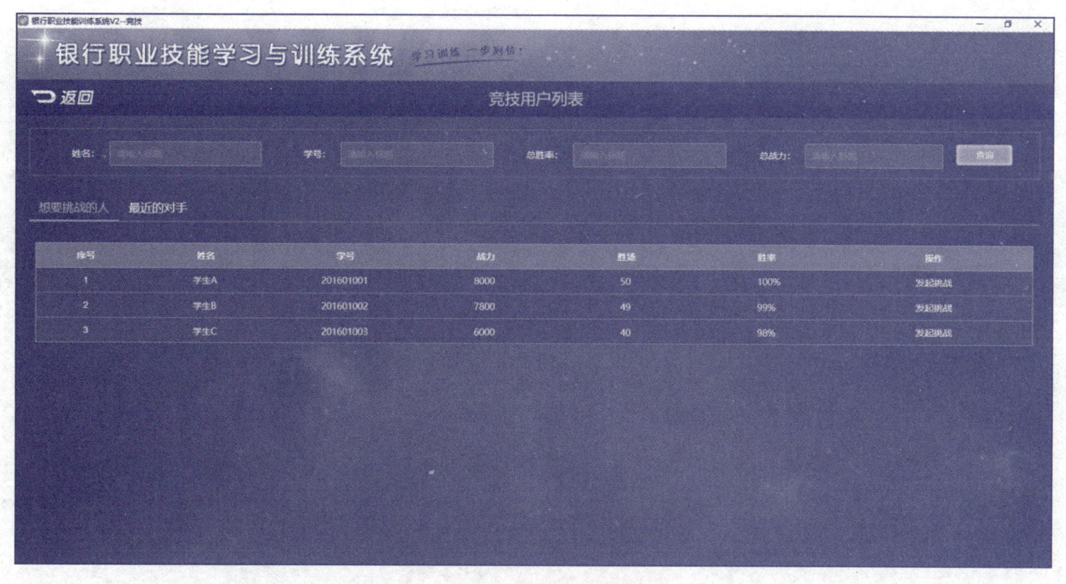

图 3－40　在线信息查询

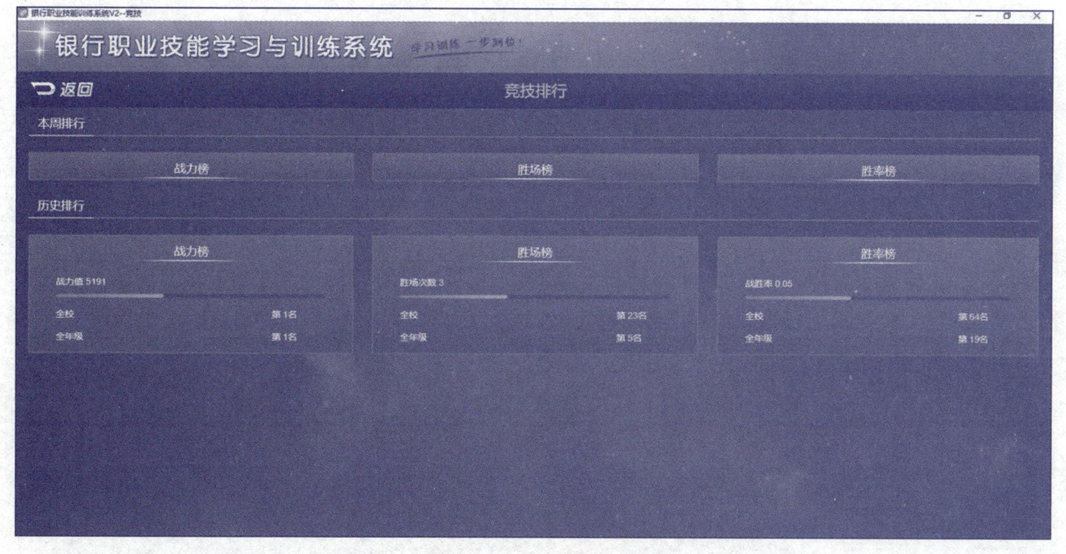

图 3－41　竞技排行

（8）点击“历史战绩”，可以查看竞技对手历史成绩，如图 3－42 所示。

五、考试申请

传票数据考试申请期间，凡是金币数在 1 000 以上的同学均可申请电脑传票输入考试，1 000 金币兑换一次考核机会。报名成功后，将扣除 1 000 金币。

（1）点击银行职业技能学习与训练系统首页左下角的“申请考试”，如图 3－43 所示。

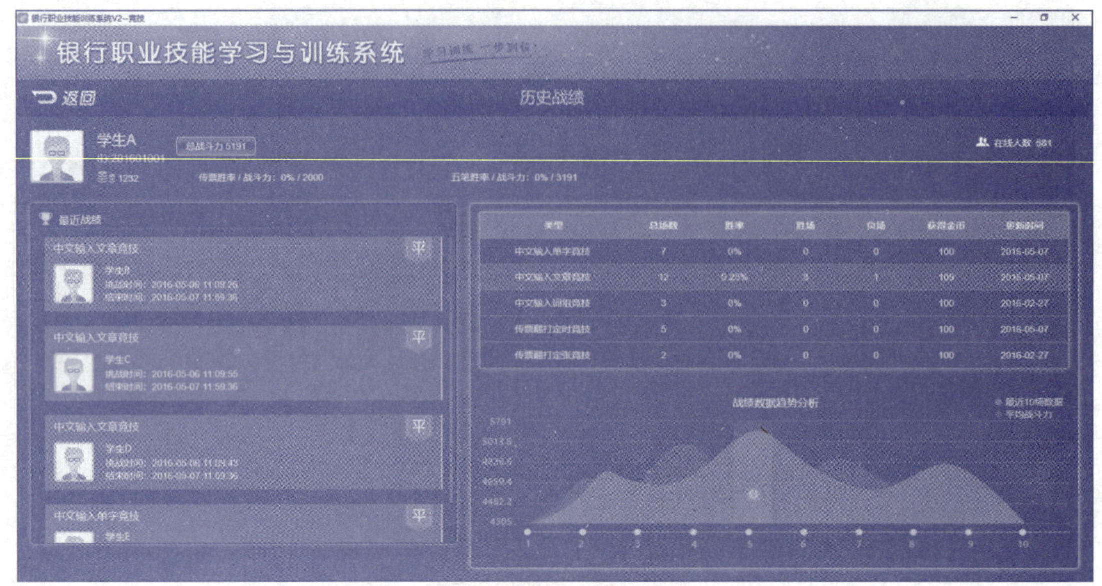

图 3 - 42　竞技对手历史成绩查询

图 3 - 43　申请考试

（2）选择考试模块，点击“申请”，如图 3 - 44 所示。

（3）申请成功后，扣除金币，如图 3 - 45 所示。

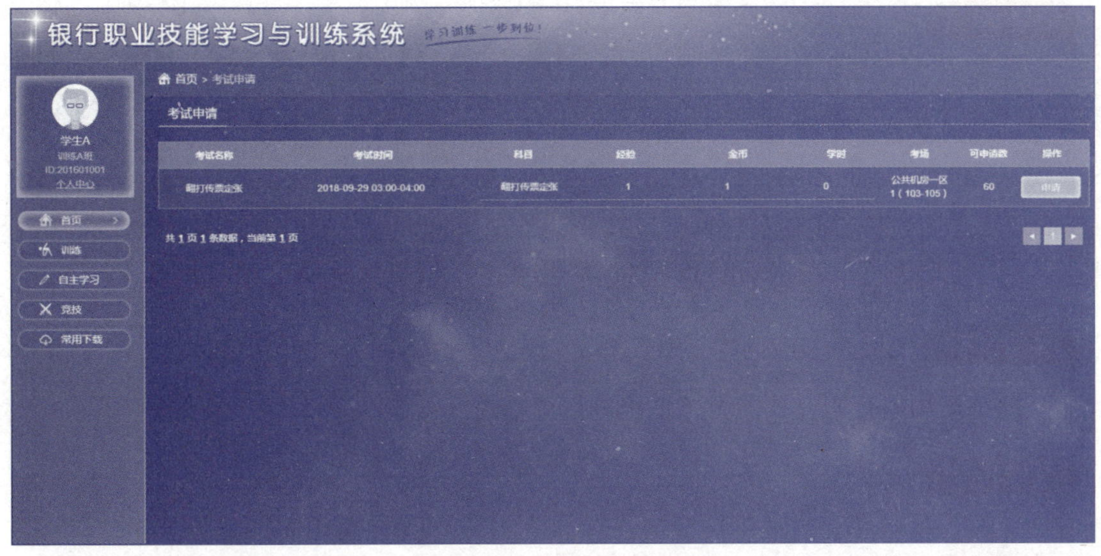

图 3-44　选择考试模块

图 3-45　申请成功

银行职业技能学习与训练系统（传票输入）的使用总结如图 3-46 所示。

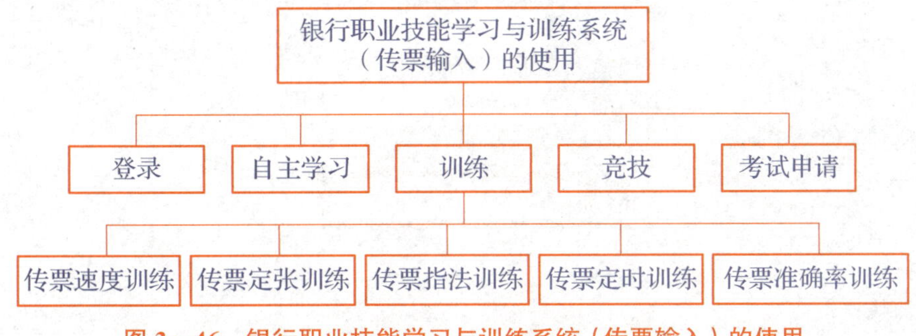

图 3-46　银行职业技能学习与训练系统（传票输入）的使用

活动练习

运用银行职业技能学习与训练系统，进行准确率、速度、传票定张和传票定时输入练习。

活动二　银行职业技能考核系统（传票输入）的使用

活动目标

熟练运用银行职业技能考核系统进行传票输入考核。

操作步骤

一、登录

（1）双击“银行职业技能考核系统”图标，如图 3－47 所示。

图 3－47　“银行职业技能考核系统”图标

（2）进入考核系统“用户登录”界面，输入学号和密码，点击“登录”，如图 3－48 所示。

图 3－48　“用户登录”界面

（3）登录考核系统后，根据系统提示流程进行现场照片拍摄的操作，作为现场的身份认证以及今后的身份核查，如图 3 - 49 所示。

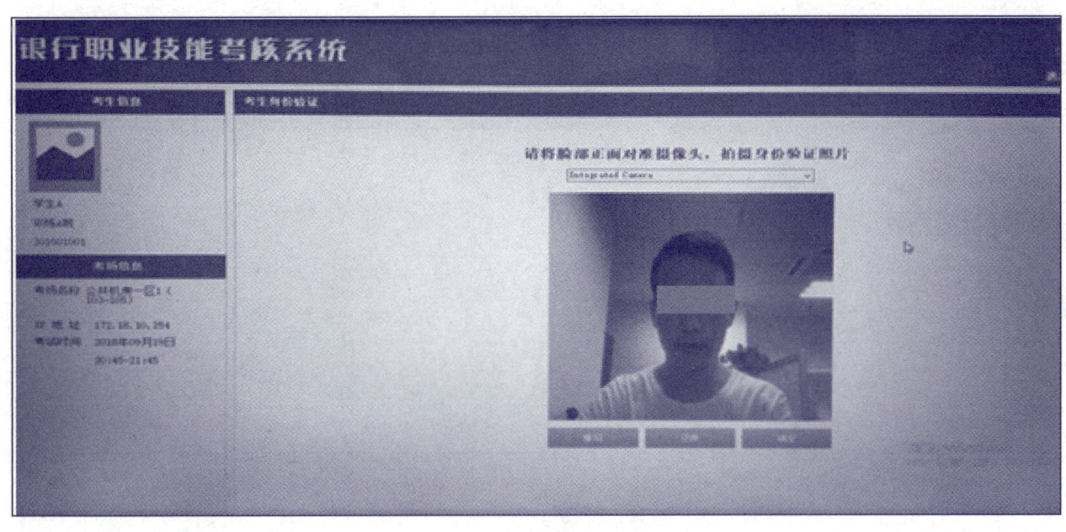

图 3 - 49　身份核查

二、考核

（1）考生需要按照考核模块顺序依次进行，不得跳项。选择翻打传票定时考核，点击“开始考试”，分别如图 3 - 50、图 3 - 51 所示。

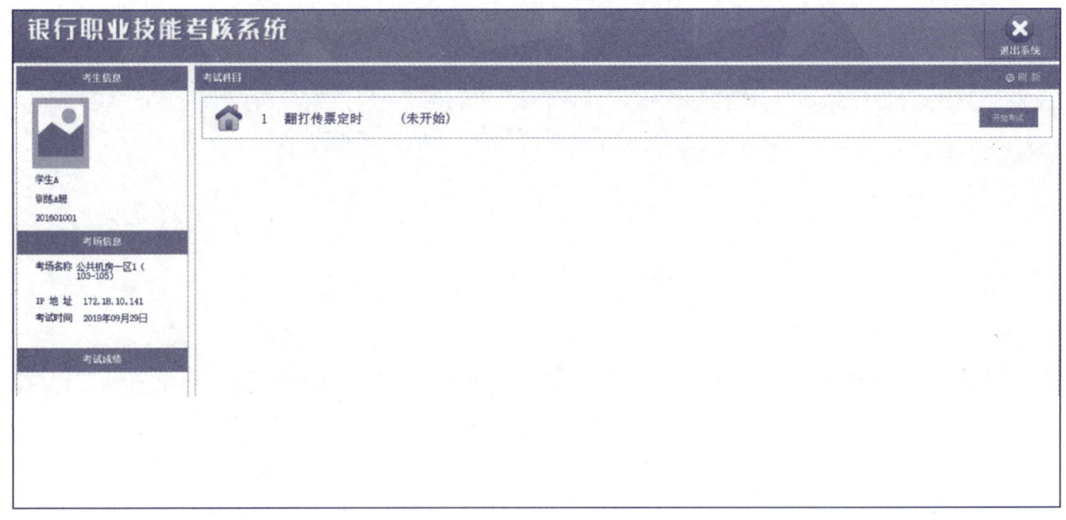

图 3 - 50　翻打传票定时考核（1）

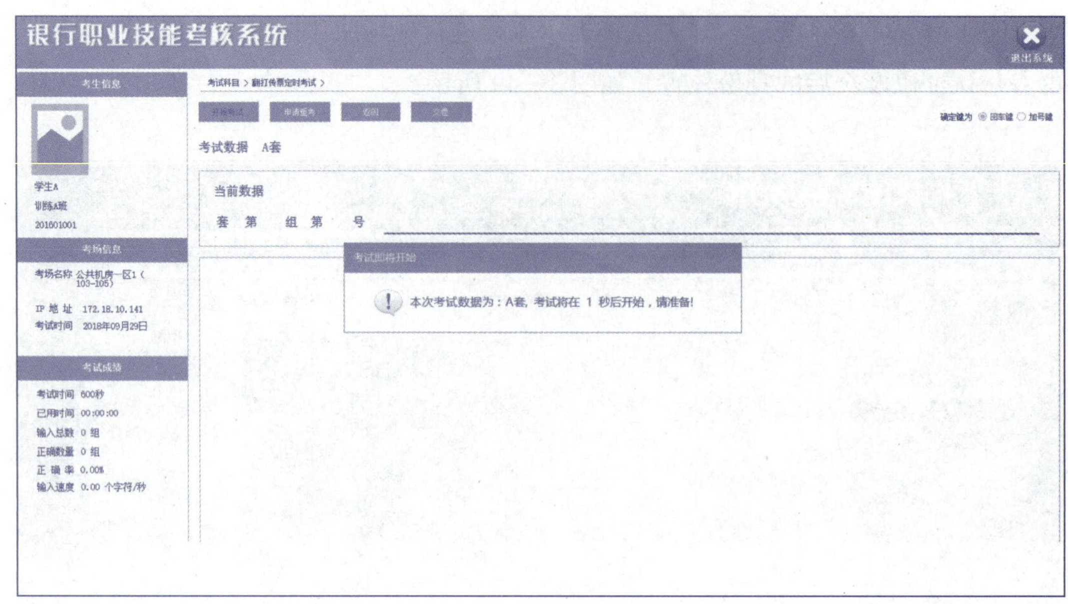

图 3－51 翻打传票定时考核（2）

（2）考试结束后，系统根据输入速度与准确率自动评定成绩，如图 3－52 所示。

图 3－52 系统评定成绩

（3）完成一项考试后，点击“返回”并刷新界面，选择翻打传票定张考核，点击“开始考试”，如图 3－53 所示。

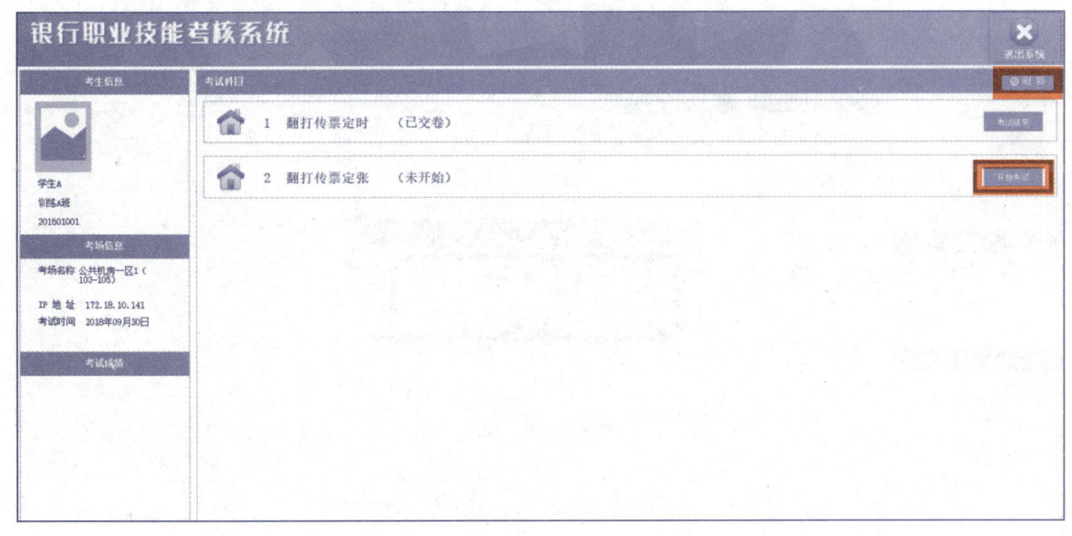

图 3－53 进入下一项考核

（4）考试模块全部结束后，点击首页左下角的“成绩查询”，可以查询自己的考试成绩，如图 3－54 所示。

图 3－54 成绩查询

三、申请重考

由于系统故障或其他特殊原因引发无法继续考试，学生可以发起申请重考，如图 3－55 所示，申请重考经老师同意后可以重新考试。

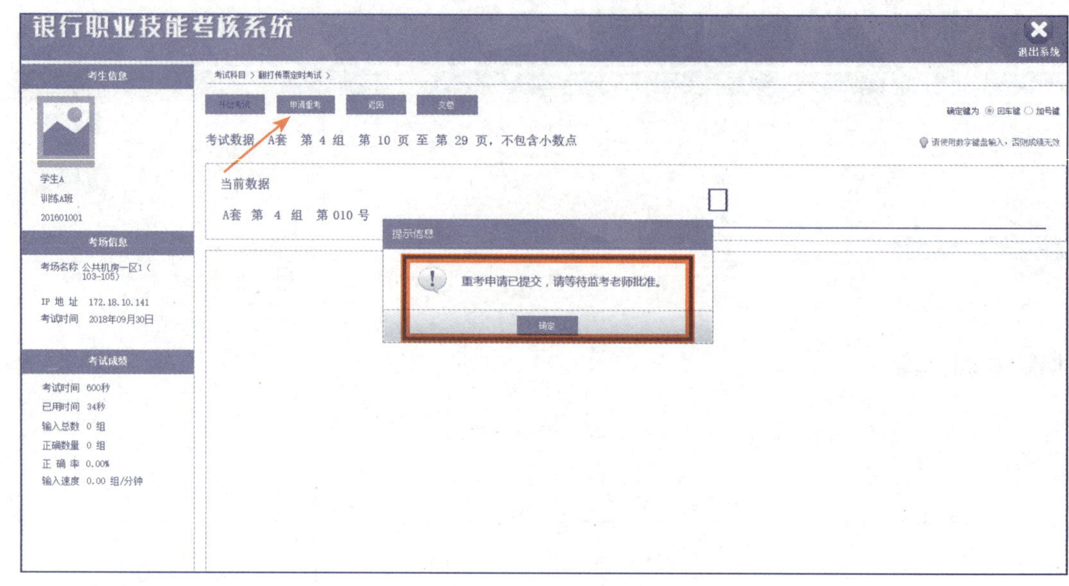

图 3－55　申请重考

知识补充

衡量传票数据输入技能水平的指标有两个：一是准确率，二是速度。

在实际的工作中，任何一个数据的输入错误都有可能产生严重的后果。一位操作人员每天录入电脑系统的数据成千上万个，哪怕是 99% 的准确率，也意味着一天的工作中包含了几十甚至上百个错误，这是无法容忍的。因此，数据输入的准确性至关重要，准确率是衡量输入技术水平的首要指标。平时进行传票输入训练的时候，我们就要把准确率放在首位，严格要求自己必须达到 100% 的准确率。同时，提高输入速度是我们学习传票输入技能的主要目的。我们要在保证 100% 准确的前提下，通过训练不断提高输入速度。

注意事项：

（1）传票数字输入时要保证“Num Lock”指示灯亮起。

（2）传票数字输入时要保证处于半角状态。

半角字符占一个字节宽度：

1234567890

全角字符占两个字节宽度：

１２３４５６７８９０

活动练习

运用银行职业技能考核系统，进行传票定张和传票定时测试与考核。

项目小结

使用银行职业技能学习与训练系统进行传票输入练习，熟悉练习软件的使用界面和操控性，可以有效地提高传票输入速度和准确率。使用银行职业技能考核系统进行传票输入测试，可以提高使用者的考试适应性。

项目二

传票数据计算器输入

通过计算器输入传票数据的训练和测试，可以有效地提高操作者传票输入的速度和准确率。

活动一　计算器基础知识

活动目标

了解计算器的种类和功能，便于进行传票数据输入。

基础知识

计算器拥有集成电路芯片，结构比现代电脑的结构简单得多，功能也较为简便，而且计算器较为方便与廉价，方便携带且稳定性好，被广泛运用于商业交易中，是必备的办公用品之一。

一、计算器的种类

市面上的计算器型号很多，规格也各不相同，按功能分类主要分为标准型计算器和科学型计算器两类。标准型计算器可进行加、减、乘、除、乘方、开方、百分比等一般的运算，科学型计算器不但具有标准型计算器的功能，而且可以进行函数运算。

二、标准型计算器的功能

从商业银行临柜业务的需要来看，主要在票币计算、账目计算及核对等方面需要用到计算器，运用的就是计算器一般的计算功能。我们在这里只介绍标准型计算器的功能和使用方法。

从计算器的外部组成部分来看，型号不一，种类较多，但基本结构主要是基本功能键、显示器、电源开关、电池板等几部分。下面，以 TRULY837-12 型（如

图 3－56 所示）为例介绍各键的功能。

图 3－56　TRULY837-12 型计算器

（1）数字键 0 ～ 9、00：用来输入数字。

（2）小数点“.”：用来确定整数或小数。

（3）数学符号键“+、−、×、÷、=”：用于进行加减乘除运算和显示结果。

（4）显示器清零键“ON/AC”：按下该键表示上电，清除现有数据重新输入或清除所有寄存器中的数值。

（5）记忆加法键“M+”：将当前输入的数值进行存储后用于加法运算。

（6）记忆减法键“M−”：将当前输入的数值进行存储后用于减法运算。

（7）显示、消除记忆数值键“MRC”：第一次按下此键将调用存储器内容，第二次按下时清除存储器内容。

（8）总计计算键“GT”(Grand Total)：按下“=”或“%”键计算答案，计算结果会自动加入 GT 记忆中。按下 GT 键即可显示 GT 记忆的总计数值。按 ON/AC 或再按 GT 键消除 GT 记忆。

（9）清除输入键“CE”：清除全部数据结果和运算符，在数字输入期间按下此键将清除输入寄存器中的值并显示“0”。

（10）退位键“→”：删除最后一个数字。

（11）百分比键“%”：用来计算某数的百分比。

（12）记忆运算键“MU”（Mark-up and Mark-down 键）：内存数据显示键，按下该键完成利率和税率计算。

知识补充

计算器的起源和发展

说起计算器，值得我们骄傲的是最早的计算工具诞生在中国。

中国古代最早采用的一种计算工具叫筹策，又被叫作算筹。这种算筹多用竹子制成，也有用木头、兽骨充当材料的。约二百七十枚一束，放在布袋里可随身携带。

直到今天仍在使用的珠算盘，是中国古代计算工具领域中的另一项发明，明代时的珠算盘已经与现代的珠算盘几乎相同。

17 世纪初，西方国家的计算工具有了较大的发展，英国数学家纳皮尔发明了“纳皮尔算筹”，英国牧师奥却德发明了圆柱型对数计算尺，这种计算尺不仅能做加、减、乘、除、乘方、开方运算，甚至可以计算三角函数、指数函数和对数函数。这些计算工具不仅带动了计算器的发展，也为现代计算器的发展奠定了良好的基础，成为现代社会应用广泛的计算工具。

1642 年，年仅 19 岁的法国伟大科学家帕斯卡引用算盘的原理，发明了第一部机械式计算器，在他的计算器中有一些互相联锁的齿轮，一个转过十位的齿轮会使另一个齿轮转过一位，人们可以像拨电话号码盘那样，把数字拨进去，计算结果就会出现在另一个窗口中，但是只能做加减计算。1694 年，莱布尼茨在德国将其改进成可以进行乘除的计算。此后，一直到 20 世纪 50 年代末才有电子计算器的出现。

活动练习

熟悉计算器的功能和使用方法。

活动二　传票数据计算器输入

活动目标

在经济核算过程中，使用计算器对各种单据、发票或凭证进行汇总计算。

操作步骤

传票数据计算器输入主要用于数字求和计算，包括传票本翻页、计算器输入数字和计算结果记录等几个方面，操作方法与传票计算机输入大致相同。

一、传票翻页

传票数据计算器输入使用的传票本一般为珠算协会统一印制的珠算比赛传票，

如图 3－57 所示。拿到传票后应先检查页数是否完整，检查无误后将传票打开成扇开，用一个较大的夹子夹住传票的左上角，以便于翻页。传票放置于计算器的左侧，如图 3－58 所示。

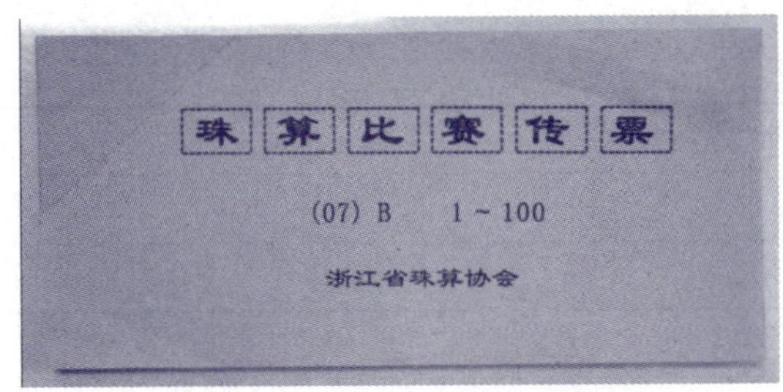

图 3－57 珠算比赛传票

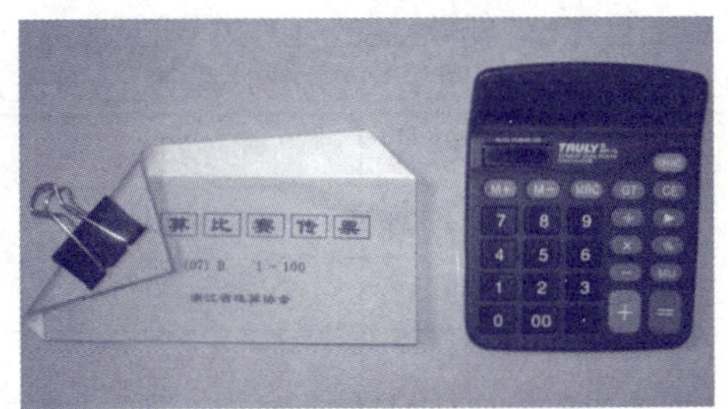

图 3－58 传票放置于计算器左侧

二、计算器输入数据

以国产 TRULY837-12 型为例介绍计算器操作指法：标准的计算器在“5”上有个突起点，击键时应以 5 为中心向其他键位延展。击键时基本键位在 4、5、6 上，分别由食指、中指和无名指负责，如图 3－59 所示。击键时手指分工为：食指负责 0、1、4、7 和 M+ 共五个键所在的一列，中指负责 00、2、5、8 和 M– 共五个键所在的一列，无名指负责小数点、3、6、9 和 MRC 共五个键所在的一列，小拇指负责 +、—、×、÷、＝、GT、MU、%、→和 CE 共 10 个键所在的两列。输入时，左、右手配合及注意事项与传票计算机输入相同。

三、计算结果记录

一组数据输入完毕后需要写出计算结果，传票数据计算器输入的练习题格式和要求与珠算手工翻打传票格式相同，输入数字时的握笔方式如图 3－60 所示。

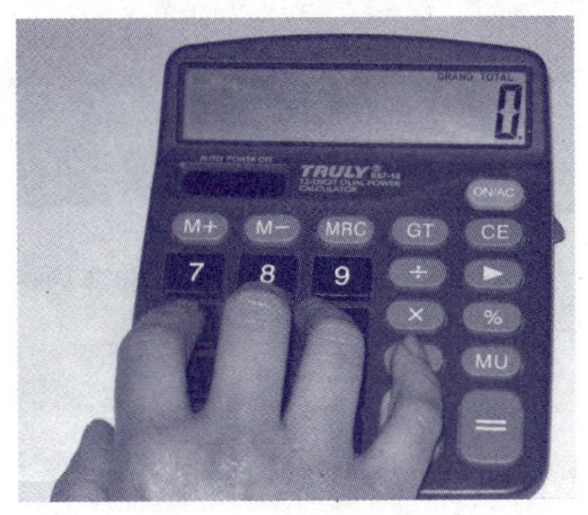

图 3－59 操作指法

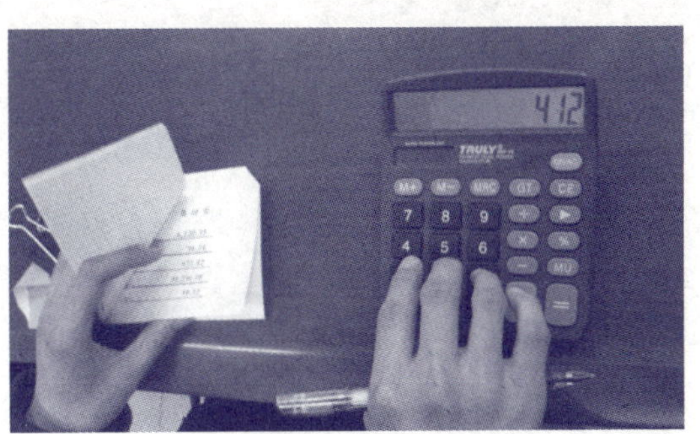

图 3－60 握笔方式

活动练习

结合传票本，用计算器完成下列题目的计算。

传票答案纸

姓名______ 班级______ 学号______

算___题，对___题，扣___分，成绩___分，评卷______ 复核______

题号	项次	起讫页数	答数
1	(一)	1 ～ 20	
2	(五)	72 ～ 91	
3	(四)	3 ～ 22	
4	(二)	64 ～ 83	
5	(三)	8 ～ 27	
6	(三)	37 ～ 56	
7	(四)	12 ～ 31	
8	(二)	45 ～ 64	
9	(五)	78 ～ 97	
10	(一)	16 ～ 35	
11	(一)	43 ～ 62	
12	(五)	22 ～ 41	
13	(二)	19 ～ 38	
14	(四)	75 ～ 94	
15	(五)	25 ～ 44	

项目小结

使用计算器进行传票输入练习，熟悉计算器的键面分布和操控性，可以有效地提高传票输入速度和准确率。